三好範英

本音化するヨーロッパ

裏切られた統合の理想

GS
幻冬舎新書
518

本音化するヨーロッパ／目次

第2章 ポピュリズムの実相 153

地図・DTP　美創

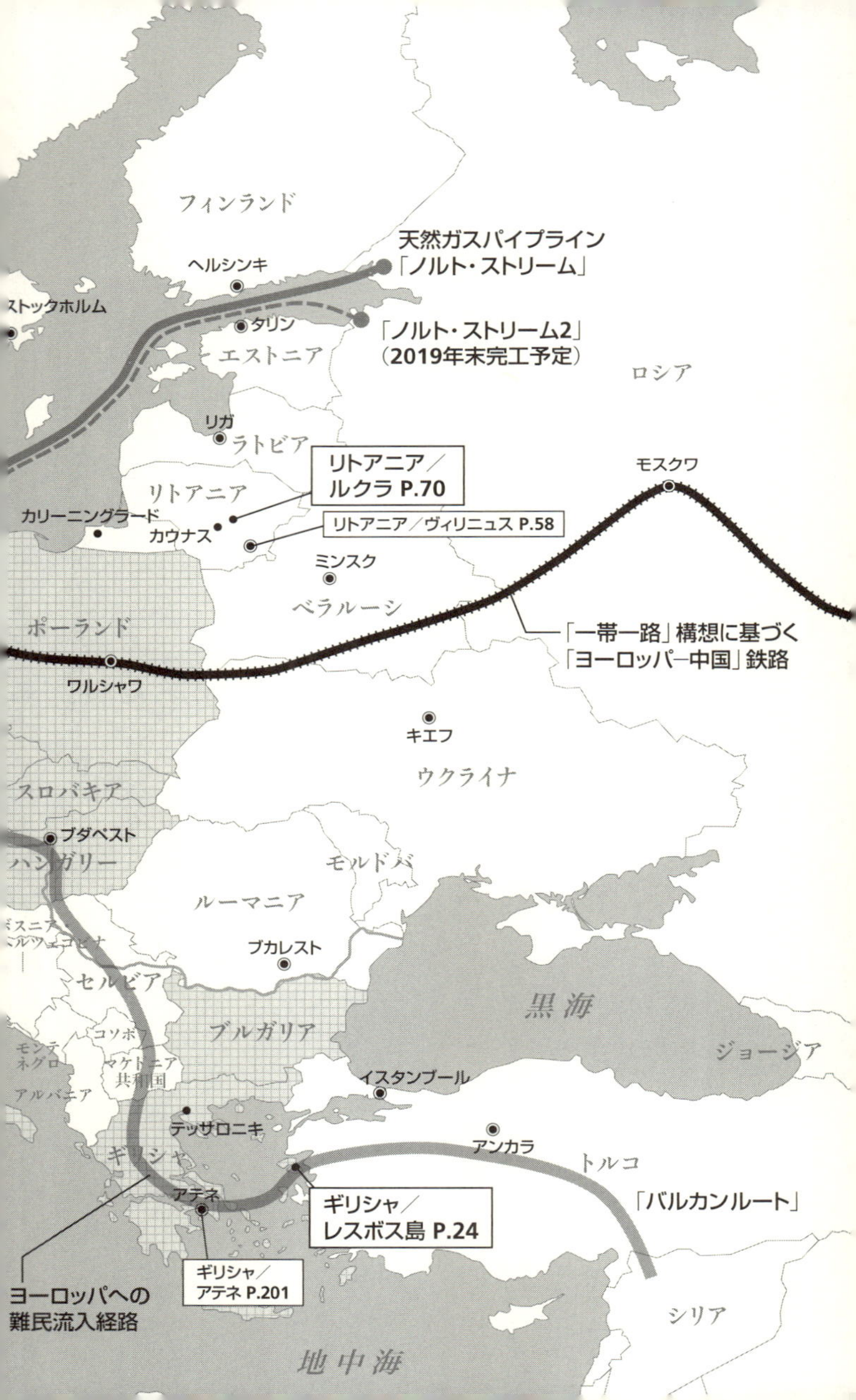
フィンランド
天然ガスパイプライン
「ノルト・ストリーム」
ヘルシンキ
ストックホルム
タリン
「ノルト・ストリーム2」
（2019年末完工予定）
エストニア
ロシア
リガ
ラトビア
リトアニア／
ルクラ P.70
モスクワ
リトアニア
カリーニングラード
カウナス
リトアニア／ヴィリニュス P.58
ミンスク
ベラルーシ
ポーランド
「一帯一路」構想に基づく
「ヨーロッパ–中国」鉄路
ワルシャワ
キエフ
ウクライナ
スロバキア
ブダペスト
ハンガリー
モルドバ
ルーマニア
ブカレスト
セルビア
黒海
コソボ
ブルガリア
モンテネグロ
マケドニア共和国
ジョージア
イスタンブール
アルバニア
テッサロニキ
アンカラ
ギリシャ
トルコ
アテネ
「バルカンルート」
ギリシャ／
レスボス島 P.24
ギリシャ／
アテネ P.201
ヨーロッパへの
難民流入経路
シリア
地中海

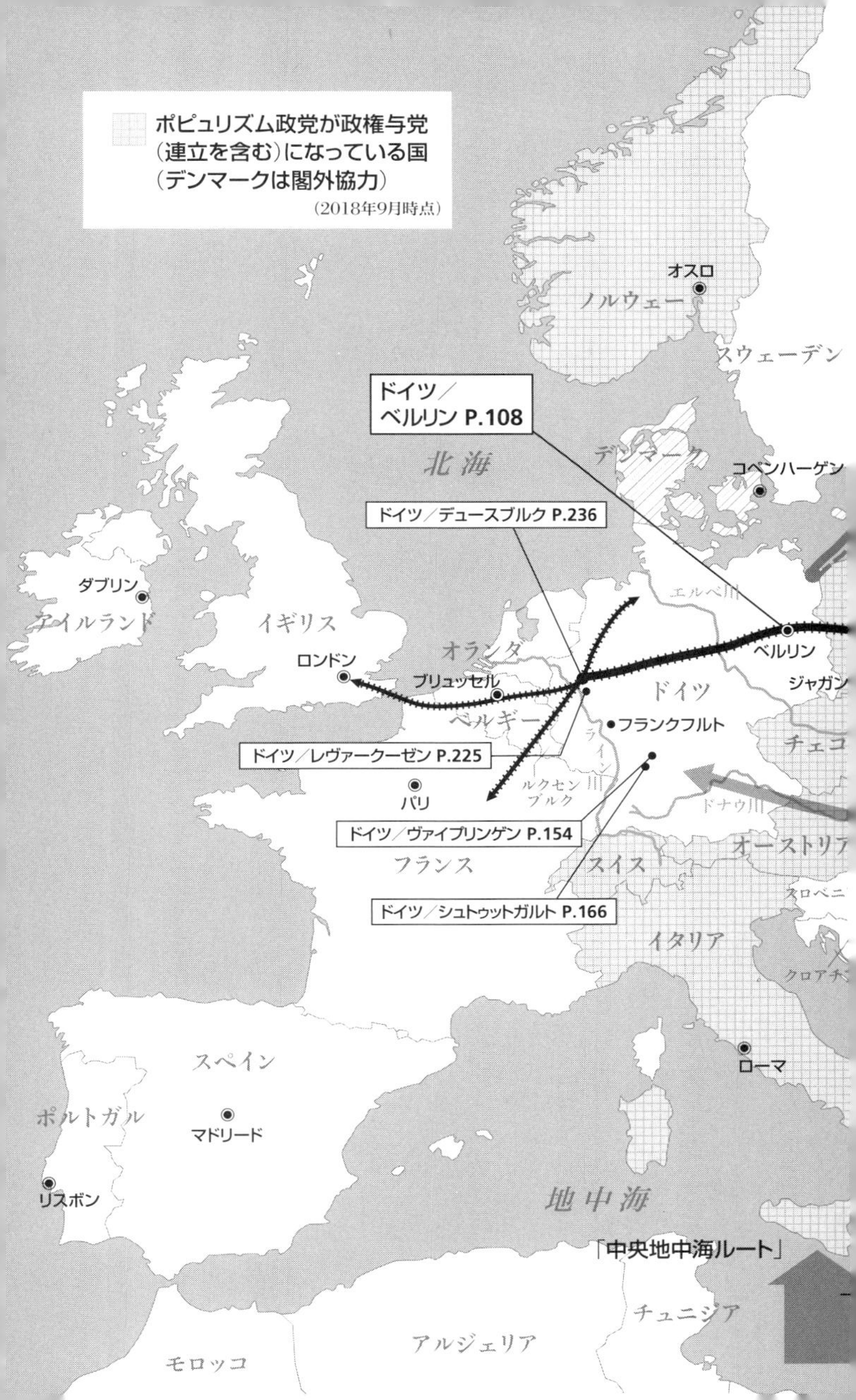

ポピュリズム政党が政権与党（連立を含む）になっている国（デンマークは閣外協力）
（2018年9月時点）
ドイツ／ベルリン P.108
ドイツ／デュースブルク P.236
ドイツ／レヴァークーゼン P.225
ドイツ／ヴァイプリンゲン P.154
ドイツ／シュトゥットガルト P.166
「中央地中海ルート」
オスロ
ノルウェー
スウェーデン
デンマーク
コペンハーゲン
北海
エルベ川
ダブリン
アイルランド
イギリス
ロンドン
オランダ
ブリュッセル
ベルギー
ベルリン
ドイツ
ジャガン
フランクフルト
チェコ
ライン川
ルクセンブルク
パリ
ドナウ川
フランス
スイス
オーストリア
スロベニ
イタリア
クロアチ
ローマ
スペイン
ポルトガル
マドリード
リスボン
地中海
チュニジア
アルジェリア
モロッコ

序章　過ぎ去らない危機

終焉《しゅうえん》、崩壊、リスク、破滅――2009年からのユーロ危機以来、ヨーロッパ関連書籍のタイトルには悲観的な言葉が並んだ。

実際、英国の欧州連合（EU）離脱決定（2016年）は、大方の予想を裏切るものだったし、拡大を続けてきたEUにとって初めての逆行として、大きな衝撃を与えた。本書の擱筆《かくひつ》時点の2018年8月に至っても、新たな英―EU関係の姿ははっきりしない。

ロシアの侵略によるクリミアや東部ウクライナ支配の既成事実化は進んでいる。イスラム過激派による、フランスやベルギーでのテロも頻発している。

もっとも、EUも共通通貨ユーロも今なお崩壊することなく存続しているし、ウクライナの次はバルト3国か、とも言われたロシアの軍事侵攻も起こらなかった。EUはヨーロッパ首脳の協調がなくても存続するだけの実体的な組織となっており、北大西洋条約機構（NATO）も対ロシアの安全保障で役割を果たしていると言えるだろう。

しかし、だからといって、EUは危機を克服して一層統合を深化させるだろう、ヨーロッパは歴史的にそうした経緯を辿《たど》ってきたのだから、と見るのは楽観に過ぎる。今の危機は異次元とも言える切実さを含んでおり、危機は継続し、むしろこれから深刻化するだろう、というのが私の見立てである。

ユーロ危機も根本的な解決にほど遠いし、シリア内戦やアフリカの貧困などによる、難民流入圧力は解消されていない。

ドイツ大衆紙ビルト（2017年1月5日付電子版）は、オーストリア軍情報部の予測に基づき、アフリカの主要な難民出身国で、職を得ることができない人々の数は今後も増加し、2020年までに1500万人に達すると報じている。アフリカ、中東の人口爆発は続いており、若年層に満足な職場がない状態は続く。彼らはヨーロッパを目指す「難民予備軍」である。

本書は2017年9月、約3週間ヨーロッパ各地を回って行った現場取材がもとになっている。

取材したのは、トルコに近いエーゲ海に浮かぶレスボス島でのヨーロッパ国境沿岸警備機関（FRONTEX）の活動、バルト3国リトアニアでのNATOによる軍事演習、ドイツの難民受け入れ宿泊所の実態、ドイツの右派ポピュリズム政党「ドイツのための選択肢（AfD）」の活動、ギリシャの緊縮財政策で苦境に立つアテネの医療現場、中国と「新シルクロード」の鉄道で結ばれたドイツ西部デュースブルク――などである。

私は9年5か月、ドイツのベルリン特派員を務めた。ヨーロッパのほとんどの国に足を延ばした経験があるので、ヨーロッパ発のニュースを日本で聞いたり、映像を断片的にせよ見ても、大方の様子は想像がつく。しかし、違和感を覚える報道も多いし、自分なりに自信の持てる判断の材料を得たいという気持ちも強くなってきた。実際、現場に足を踏み入れ、人の話を聞けば、新たな発見があるものである。

ヨーロッパ危機は大きく分けて外から押し寄せるものと、ヨーロッパ内部の矛盾が危機に発展しているものとの二つがある。前者が難民危機やロシアの動向であり、後者がユーロ危機やいわゆるポピュリズムの台頭である。

外と内との脅威、危機は相互に作用しているが、外からの危機の解決が見えない中、危機は、EU加盟国の内部に広く、深く浸透し、内側からヨーロッパを掘り崩している。

ポピュリズムの台頭は、こうした内在化した危機が具体的な形になって現れた、危機のヨーロッパを最も雄弁に物語る現象だろう。

ポピュリズムという言葉は大衆迎合主義と訳されるが、読売新聞のデーターベースで調べると、2000年代から使用頻度が急増している。多くは日本の国内政治の文脈で、深慮を欠いた大衆の期待を支持基盤とする、あるいは積極的にそれを動員して行う政治、と定義できようか。わかりやすい例が、財政再建が急務なのに、増税を嫌う人々の刹那《せつな》的な欲求に訴えて、増税延期で支持を獲得する政治である。

ヨーロッパ政治の文脈でポピュリズムが多用されるようになったのは、せいぜいこの数年で、各国で右派政治勢力が台頭したためである。そして、多くの場合、既存の左派的な立場から、新興の右派政治勢力を表現することが多いように思われる。

かつては「極右」という言葉が頻用されたが、極右とされた政党が20～30％の国民の支持を得て、中には政権に加わっている国も出てきた。一国の政治スペクトラムで最右翼という意味で「極右」と呼ぶ意味はあるが、「極端」という意味ではもはや妥当しない。代わって多用され始めたのがポピュリズムという用語だった面もあるのではないか。

従って、ヨーロッパ政治の文脈におけるこの用語は、右派思想や右派政党に対する否定的なニュアンスと重なるところがあり、あまり中立的な言葉とは言えない。

ただ、今、ヨーロッパの国によっては、これまでの社会民主主義政党よりも左に位置する左派の新興勢力も台頭しており、それは右派の新興政治勢力と共通する特色を備えている。これら左右の勢力、さらに東ヨーロッパの一部の保守政党も含めてポピュリズムの概念で説明することにより、今のヨーロッパの政治現象をよく理解できる面はありそうだ。

これらヨーロッパの左右のポピュリズム政党に通底する特色とは、反グローバリズム、反エリート、反既成政党・メディア、そして比重が大きいのが反ＥＵの立場である。また、その支持基盤は、指導的なイデオローグである知識人は別として、「普通の人々」である。

「普通の人々」、あるいは市井の人々、庶民の厳密な定義は難しいが、社会階層的には、これまで大まかに、左派政党の支持者としての労働者や公務員、右派の支持者としての商工業者や農民というふうに分かれていた人々を横断して生まれた、大方は中間層から下の階層に属する人々である。

ポピュリズムを成り立たせているのは、特に右派の場合、これら普通の人々の、移民・難民のために福祉のしわ寄せが来ているという不満、治安悪化への不安、国民や国家の一体性が失われることへの懸念であり、左派ポピュリズムでは格差や失業増への怒りである。

危機の背後には、モノ、カネ、ヒトの激しい動きが世界を席巻《せっけん》するグローバル化があり、おしなべてどの国家にもその大波が襲いかかっているが、中でもヨーロッパがグローバル化に賢明に対応しているとは言えない現状がある。

２００８年の世界金融危機を発端とし、２００９年から10年近く続くユーロ危機によってユーロ域内の不均衡は拡大し、２０１５年から本格化した難民の大量流入によって、治安や文化喪失（identity crisis）への不安は増大している。

普通の人々は、エリートが享受するようにはグローバル化の恩恵に浴することはできない。かつての手厚い福祉からも見放された、いわゆる「忘れられた人々」、あるいは「声なき声」にとって、生活悪化、不安の一番の原因は、勝手にグローバル化を推し進める組織としてのE

U、それを主導する政治経済エリート、ジャーナリストである。

左右ポピュリズムとも、解決の道を国家機能の強化に求める。右派はユーロの解体による国民経済の再興や移民・難民受け入れの制限を主張し、左派は社会政策による貧富の格差の解消を求める。ポピュリズムがナショナリズムと結びつきやすいのは、反グローバル化がその核にある以上、自然なことだろう。

右派ポピュリズムの政策には、極端な排外主義や、法の支配や多元主義という先進社会の基盤を掘り崩す危険性、左派の社会的平等を求める政策は、単なるばらまき政策に陥る危険性がある。

しかし、ポピュリズムを無責任な大衆が、扇動的な政治家に操られて起きている一過性の現象と見ると、今ヨーロッパで起きていることの本質を見失う。ユーロ危機と難民危機に直面した市井の人々が取っている、防衛的な異議申し立てと見た方が本質を突いている。先進国の政治の役割を人々の現実の必要にこたえるプロセスとするならば、ポピュリズムはむしろ既成政党よりも素直に民意をくみ上げる機能を果たしているとも言える。ヨーロッパの多くの国で中道右派、左派の既成政党が没落したのも故無しとしない。危機がすぐには解決できない性格のものである以上、その危機に根ざしたポピュリズム現象も当面続くと見なければならない。

日本においても近年、外国人が増加しているが、ヨーロッパに比較すれば、外国人の存在は圧倒的に希薄である。経済的な格差もヨーロッパに比較すれば小さい。移民・難民問題に関する日本の議論の多くは、在日外国人がまだ少数派である日本の現実を無意識の前提としている。2〜3割の人口が外国人となったときの社会が抱える緊張や分極化について、多文化共生を称揚する日本人の多くは考えが及ばない。ヨーロッパの右派ポピュリズムが求める移民・難民の制限は、日本が現に実施している政策とさほど径庭《けいてい》はない。日本人も想像力をたくましくしなければ、ヨーロッパ人が直面している不安や不満を理解することはかなわない。

ポピュリズムとは、共産主義思想という冷戦時のイデオロギー、冷戦終結後の民主主義の勝利という高揚感、戦後西ヨーロッパで支配的だったリベラルな価値観、そういったもので隠されていた人間のエゴイズムや、唯一の正統性を持ち外に向かい国益を主張する主体としての国家の本質が顕在化する姿でもある。いわば人間や国家の「本音化」とでも言うべき現象が、起きているのである。

ヨーロッパのエリート階層は、庶民の生活に根ざした真剣な不安、不満に耳を貸そうとしてこなかった。建前と本音の間に大きな乖離《かいり》があり、本音の意見は未成熟な政治意識として抑圧してきたのがヨーロッパ政治の姿ではなかったか。

「本音化」とは、危機の深化に伴い、既成秩序の理想、建前に偽善を感じ、国益の主張や、移民・難民受け入れへの拒否を公然と表明しなければ、自分の生活が破壊されるという追い詰められた感情であり、そのためのタブー破りである。建前だけの政治は、かえって多くの人を不幸にするという普通の人々の現実的な判断の側面がある。

そこにはヨーロッパの社会が、日本や米国などと比較し相対的に見た場合だが、エリートと普通の人々の格差、階級社会的な色彩をまだ残していることも影響しているのだろう。

EU、特に行政執行機関である欧州委員会が民主的な正統性を欠いた組織であることはしばしば指摘されるし、そもそもEU統合そのものがエリートによるプロジェクトだった。ドイツの政治制度が直接民主的な手続きを欠いているのも、ナチズムの教訓によるだけではなく、支配層と被支配層の疎隔《そかく》というもっと歴史に根ざしたヨーロッパの社会構造が反映しているのかもしれない。

それ故に、普通の人々の反乱の側面もあるポピュリズムは、ヨーロッパ社会を大きく変える可能性を秘めていると同時に、人々の抱く疎外感は、世界の出来事に価値を認めないシニシズム（冷笑主義）やニヒリズム（虚無主義）にまで至る危険性もある。ヨーロッパは大きな分水嶺《ぶんすいれい》に直面している気がしてならない。

本書では第I部で外からの脅威、第II部で内在化した脅威を扱う。

外からの脅威とは、難民の流入であり、ロシアの軍事的な動向である。ヨーロッパの対応とその限界を、ギリシャのレスボス島と、リトアニア軍の演習場から報告する。

第Ⅱ部で扱う内在化した脅威として取材したのは、ドイツにおける難民受け入れの現状である。大量の難民流入は人道危機であると同時に、受け入れ国に多大な変化を強いる。2015年夏の緊急事態は去り、ドイツも受け入れ体制を整えたが、難民の同化は困難に逢着《ほうちゃく》している。

ポピュリズム政党の台頭について、本書ではドイツのAfDを取り上げる。AfD党員や支持者の発言を、強い予断を交えずに紹介した本は、日本ではあまりないかもしれない。

内在化したもう一つの脅威は、ユーロ危機であり、ギリシャでの公的医療の荒廃の実態を取材した。経済成長率がプラスに転じ、2018年8月にはEUによる金融支援が終了したが、普通のギリシャ人の苦衷は続いている。

終章で、ヨーロッパ危機と世界情勢との関わり合いを考察し、ヨーロッパが分断の傾向を強め、外からの草刈り場となるとともに、ヨーロッパこそが世界の地殻変動の震源地となる可能性を指摘した。

第Ⅰ部 難民とロシア
二つの最前線

第1章　レスボス島のEU旗

今、ヨーロッパを外から脅かすのは、難民の大量流入とロシアの軍事的脅威である。東京と沖縄ほど離れたこの二つの「最前線」に赴いた。

エーゲ海の深夜の難民パトロールに同行

突然、巡視艇のエンジンが止まり、闇の中、静寂が訪れた。海面は穏やかで、船体をかすかに揺らす程度。ギリシャ側、トルコ側、ほぼ等距離に陸の明かりが瞬いている――。

2017年9月12日深夜、ヨーロッパ国境沿岸警備機関（FRONTEX）のポルトガル沿岸警備隊による夜間パトロールに同行した。

ギリシャ・レスボス島北端のモリボス沖合。ギリシャとトルコの両岸を隔てる距離はわずか10㎞。ほぼ2年前の2015年夏、1日1万人もの難民がゴムボートなどに乗り、対岸のトル

海面に目をこらすボラーリョ艦長（左）とジャルディン隊長

コ領からレスボス島に押し寄せた。まさにその海に私はいた。

　小型巡視艇は午後10時過ぎ、モリボスの船着き場を出航すると、モーターのうなりを上げ、ギリシャとトルコの中間線を目指して波しぶきを上げた。乗員は、レスボス島のポルトガル沿岸警備隊隊長ペトロ・ジャルディン（41）をはじめとするポルトガル隊員4人に、ギリシャの沿岸警備隊員1人、そして、ミティリーニの町からやってきた私と、FRONTEXのレスボス島本部渉外担当シュテファン・アンドレエスク。ジャルディンは、ずんぐりした体つきの、よく日焼けした顔に頬髭《ほおひげ》を生やした、人のよさそうな男だった。

　巡視艇は5トンで小型漁船程度の大きさ。狭い運転室には数人しか入れない。甲板に立っていると、波しぶきを含んだ風が頬に心地よい。満天の星の中

出航の準備をするポルトガル沿岸警備隊の巡視艇

に天の川がくっきりと浮かび上がる。文字通り星が降るような夜空。時々流れ星が天の川を貫いて、尾を引きながら鋭い光を放つ。こんな夜空を見たのは生まれて初めてだな、としきりに思い、子供のときに覚えたはくちょう座や、「夏の大三角」を目で追った。

アンドレエスクとジャルディンは英語で、誰か隊員について話している。小耳に挟むと「何が問題だったのか」「肺炎になったが、1週間入院してもう回復した」といった会話だ。簡単な英語だがコミュニケーションには困らないようだ。ポルトガルとギリシャの隊員も英語で、ポルトガルの隊員同士は、当然だがポルトガル語での会話だ。

車のハンドルのような操縦桿《そうじゅうかん》を握るのは、沿岸警備隊に勤めて26年になるというカルロス・ボラーリョ艦長（44）。「向こうに見えるのがトルコ側の灯。

こちら側がギリシャの領海。我々は境界付近を重点的にパトロールする」と船を操りながら話す。

操縦席の前に設置してあるモニター画面は二つ。操縦桿の前のレーダーによるモニター画面には、両岸の陸地が赤く、その間に船の形をした表示が点在している。左手の赤外線監視装置によるモニター画面には、前方の海面の様子が灰色にぼんやりと映し出されている。

「レーダー画面に映るこの表示が周囲を航行している船を示す。今映っているのは貨物船。前方にぼんやりと赤いランプが見えるだろう」とボラーリョは前方に目をこらした。

ジャルディンによれば、当地に派遣されているポルトガル沿岸警備隊の監視活動は、2チームに分かれて行っている。この巡視艇チームと、地上にあるレーダー施設のチームだ。

「地上チームは船の装備より強力なレーダーと赤外線監視装置を持っている。何か不審な船を発見すれば、我々に伝え、我々は接近してその船が何であるか確認する。ゴムボートの難民船はレーダーでとらえるのは難しいが、地上や巡視艇の赤外線監視装置や、我々が肉眼で発見することができる」

巡視艇がエンジンを止めたのは、沖合に出た後、トルコとの領海の境界に沿ってしばらく走ってからだった。ジャルディンと狭い甲板に立つ。ジャルディンはほとんど波柱が立たない穏やかな漆黒の海面を見やりながら、「こうして難民船のエンジン音に耳を澄ますと発見できるときもある」とささやく。

そして、「あの光を発しているのが、陸地にいる我々の部隊のレーダー施設」と言って、光が点在するレスボス島の島影を指さした。確かに漆黒の陸地の小高い場所にひときわ明るい光が見える。海上にいる我々に所在を示すために、無線で連絡して特別に明かりを点灯させたとのことだった。

ジャルディンによると、ポルトガル隊は2015年以来の活動で、これまでに4000人以上の難民を救助した。「前方に男を20人、船室に子供を20人、後方に女を20人乗せて、ギリシャ側まで運んだこともある。助けられなかった難民もたくさんいたと思うが、犠牲者の正確な数は誰もわからない」

難民船には武装した密航業者が乗っていることがあるが、これまで武器を使い抵抗されたことはないという。

巡視艇は再びエンジンを起動させ、島に向かって速度を上げた。モリボスの明かりがだんだん大きくなり、巡視艇は出航したのと同じ船着き場に滑り込んだ。

沖合にいたのは2時間。「夜間に密入国しようとする難民船が多い。夜間は危険なのだが、巡視艇に見つからないと思っている」とジャルディンは言ったが、幸か不幸か難民船に遭遇することなく、同行取材は終わった。波もずっと穏やかなままで、満天の星に陰りはなかった。

「昨日は海が荒れて、巡視艇は木の葉のように揺れた。あなたは幸運だった」とジャルディン。

通常は5～6時間沖合にとどまり監視活動を行うが、この日は私が乗っていたため特別にいったん寄港したという。巡視艇は私、アンドレエスク、ジャルディンの3人を降ろすと、また出航していった。

FRONTEXのレスボス島本部へ

海上パトロール同行の話が先になったが、私がレスボス島のミティリーニ空港に、ドイツ・フランクフルト空港からアテネ空港を経由して到着したのは、その前日の9月11日午後6時だった。

空港に着くとまだ日は高く、セーターを着込んで取材していたドイツとは打って変わって汗ばむ暑さだった。小さな駐車場の向こうに青い海が望め、到着するバスから降り立つ、米国から来たと思われる団体観光客が、リゾート地に来たことを実感させる。

時刻表の定刻より30分以上過ぎてようやくマイクロバスが来て、市街地へ向けて走り出した。バスの運転手に予約してあった「ピルゴスホテル」の名前を告げると、彼は「ああ、近くに来たら教えてやるよ」と言った。その停留所に来たら、あごでしゃくって私の注意を促した。

そのホテルはミティリーニ港に着く手前、海岸沿いに少し坂を上がったところにあった。

建物の一部が円筒形の塔のようになっており、壁に凝った装飾が施されたしゃれた作りである。

一目見て、ヨーロッパの多くの町に見られる、19世紀末から20世紀初頭の、アール・ヌーボー様式の建築を思い起こさせた。

ホテルのパンフレットによれば、1916年に建築家イグナティオス・ヴァフィアディスによって建てられた、とあり、世紀末の第2帝政期建築、あるいはベル・エポック期の建築との説明がある。アール・ヌーボーはベル・エポック期の美術、装飾の様式だから、ピルゴスホテルはアール・ヌーボー様式の建築と言っていいのだろう。恐らく金持ちの別荘として建てられ、どういう経緯を辿ったのかはわからないが、1999年に全面改装した上でホテルとしてオープンしたという。

この様式の建築はごたごたと飾りが付いて好まない人もいるのだろうが、ヨーロッパが最も繁栄した時代の栄華が偲《しの》ばれ、私は好きである。ヨーロッパの町には意識して見ると、この様式の建物が結構残っている。バルト3国ラトビアの首都リガに残されている、建築家ミハイル・エイゼンシュタイン（1867〜1920年、有名なソ連の映画監督セルゲイ・エイゼンシュタインの父）が設計した一群の建物は実にユニークである。

ピルゴスホテルのある道路に面して、ベル・エポック期のものと見られる屋敷が並んでいた。

海岸沿いに椰子の木が並ぶミティリーニ市中心部

荒れ果てたままとなっているものも目についたが、ここ10年来の経済危機も影響しているのだろうか。

翌12日午前9時過ぎ、ホテルを出るとミティリーニの町に向かい、坂を歩いて下りていった。アンドレエスクからメールで、午前10時にミティリーニの港に面した「ブルーシー・ホテル」に来るように指定されていたのだ。椰子《やし》の木の並木が海岸沿いに続いている。野良犬が数匹、そのもとで戯れている。港に近づくにつれて潮のにおいが鼻につくようになった。透明な陽光が、群青色のエーゲ海の海面に反射してきらきら光っている。

ホテルや屋外に開かれたレストラン、土産物屋が並ぶ、いかにもリゾート地という風の海際の道を20分ほど歩くと、港の突端にあるブルーシー・ホテルに着いた。ホテルの前の岸壁には、艦橋にFRONTEXの名称と欧州連合（EU）旗が描かれている

ルーマニア国境警備隊から派遣されたアンドレエスク

巡視船や、英国の旗が描かれた巡視船など数隻がとまっていた。
時間通り、ホテルのロビーにサングラスをかけた、おそらく40代前半と思われる、ちょっと精悍《せいかん》な顔立ちのアンドレエスクが入ってきた。東洋人は滅多に見ないから、私をすぐに認め握手を求めてきた。簡単な自己紹介を終えると、ホテルのすぐ裏手にある、レスボス島を統括するFRONTEX本部に歩いていく。
本部は4人だけが勤務する小さな部屋だった。壁にはレスボス島、ヨーロッパ、アフリカの地図が貼ってあった。

イタリア、ブルガリア、クロアチア、イギリス、ポルトガルから

その部屋でレスボス島のFRONTEXの活動を統括するマルコ・ナルデラ（41）の話を聞いた。彼の仕事は、島に警察官や沿岸警備隊を派遣しているEU加盟国間や、地元ギリシャ当

局との調整である。

　ナルデラは島では唯一、ポーランドの首都ワルシャワにあるＦＲＯＮＴＥＸ本部から現地に派遣された職員だ。

　ただ、もともと彼は、イタリア「財務警察」のヘリコプターパイロットだった。財務警察は経済財務省の管轄で、脱税、密輸、麻薬、組織犯罪、知的財産などの取り締まりを担当するイタリア独特の組織だ。国境警備隊、沿岸警備隊の機能も持っている。

　ナルデラは財務警察から、ＦＲＯＮＴＥＸ本部に３月から２年の契約で出向している。レスボス島には３、４週間の予定で派遣されている。それくらいの単位で本部から職員が持ち回りで派遣されている、という。

ミティリーニ本部長のナルデラ

　ポルトガル沿岸警備隊の取材やナルデラの話でだんだんわかってきたのだが、ＦＲＯＮＴＥＸという、完全に統合されたEUの組織があるわけではない。歴史の長い国際組織、例えば国連などには生え抜きの職員も多いが、歴史の浅いＦＲＯＮＴＥＸは、様々な出身国、

ミティリーニのFRONTEX本部

身分の人間の混成部隊である。任務に就く前にワルシャワの訓練部門で訓練を受けるが、現場では、各国の沿岸警備隊が担当地域を決めて活動している。

レスボス島に沿岸警備隊を派遣しているEU加盟国は、ミティリーニに、イタリア、ブルガリア、クロアチア、英国、北部モリボスにポルトガルの計5か国。さらに難民収容所で登録、指紋採取、事情聴取などの仕事を支援する警察官がいる。参加人員は変動するが、150〜200人。私の訪問の時点では151人ということだった。

取材窓口となったアンドレエスクのポストは「フィールド・プレス・コーディネーター」。

ジャーナリストや研究者などの取材、視察の窓口となり、手はずを整えるのが仕事である。メールでやりとりしている間は、アンドレエスクをてっきりギリシャ人と思っていたがルーマニア人だった。彼はFRONTEXの職員ではなく、ルーマニア国境警備隊から直接、派遣されている。

ルーマニアの首都ブカレストの警察学校を卒業し、ブカレストで諜報部員として働き、それからまったく職種を変えて、国境警備隊本部で広報誌の編集をしていた。

昨年の夏にコーディネーターの試験を受けて合格し、待機要員となった。3月に国境警備隊の上司から「ギリシャでこの職種の要員の求人があったが、行くか？　任期は3か月間。断ってもいいが、5分以内に決めろ」と言われ、「行く」と答えた。

レスボス島で人脈もできて、自分がいないと仕事が回らない感じになってきたので、一度、3か月間延長した。しかし、母国ルーマニアの国境警備隊では、広報誌の仕事を同僚に肩代わりしてもらっているため、そう長くは元の職場を空けられない。残りの任期はあと3週間ということだった。

「家族は連れてきているのか」と聞くと、「離婚した。娘は別れた妻のもとにいる」と答えた。

外からはなかなかうかがい知れないが、混成部隊ならではの意思疎通の難しさ、摩擦、あるいは敵視などもあるのだろう。

私が話したFRONTEXの人々は、任務遂行上、支障のない英語を話せた。ただ、決して流暢《りゅうちょう》とは言えないし、細かいニュアンスで部隊同士、誤解が生じないとも限らない。

今回の取材でもこんなことがあった。私とアンドレエスクがモリボスの船着き場に着いて、ポルトガル巡視艇に乗り込もうとすると、同乗するギリシャ沿岸警備隊員は、「取材の話は聞いていない」と言って乗船を拒み、アンドレエスクとの間で、しばらく押し問答があった。ジャルディンが中に入って問題はなかったが、ギリシャ側はFRONTEXをちょっと煙たい存在と感じているのかもしれない。

また、アンドレエスクは、「ポルトガル部隊は愛想はいいし、協力的で感謝しているが、どの国の部隊もそうではない」と話した。まったくの臆測だが、ヨーロッパの大国から派遣された部隊などは、ルーマニア人であるアンドレエスクに対して、木で鼻をくくるような態度を取ることがあるのかもしれない。

難民の流入減少は「早期発見」がカギ

話をFRONTEXの活動の本筋に戻そう。

ポルトガル沿岸警備隊のジャルディン隊長は難民救助を誇ったが、次の疑問が浮かぶ。もし押し寄せる難民を人道的に救助するのであれば、難民流入を促しこそすれ、押しとどめる役割を果たせないのではないか。そもそもFRONTEXを作った目的は、国境管理や海上警備を強化し、EU圏への難民流入を防ぐことにあるのではなかったか、と。

ナルデラやアンドレエスクの話からわかったのは、FRONTEXの役割は、あくまでもギリシャの国境管理当局の仕事の手助けであり、活動自体は難民流入を減らすことには直接つながらない。もし、難民流入減少につながるとすれば、その唯一の可能性は、「早期発見」(early detection)のやり方にある。

ナルデラの説明によれば、海上警備の基本的なやり方は次のようだ。

「もしFRONTEXの巡視艇が難民船を、まだトルコ領海にいるうちに発見した場合は、まずギリシャ当局に知らせ、ギリシャ当局はトルコ当局に通報する。そして、トルコ当局が、難民船がギリシャ領海に入ることを阻止する」

アンドレエスクも次のように説明した。

「巡視艇にはギリシャ沿岸警備隊のリエゾン・オフィサー(連絡担当官)が同乗している。もし、難民船を見つけたら、彼がギリシャ警備隊に連絡する。それを受けギリシャ警備隊が、巡視艇に対し『難民船に行って話を聞け』とか、あるいは『そこに止まっていろ。我々が新しい船を増派する』など、状況に応じて命令を出す」

アンドレエスクは続ける。「FRONTEXとギリシャ沿岸警備隊は強力なレーダーを備えている。漁船かもしれないが、難民船と確認できれば、速やかにトルコ当局に通報して、トルコの巡視艇が難民を救助してトルコ領に連れて帰る。ギリシャ領海に入れば救助する」

つまり、FRONTEXはその装備を駆使して、まだ難民船がトルコ領海内にいるうちに、できるだけ早く発見する。そうすれば、トルコ当局がこの難民船の不法出国を阻止する手助けができる。

ポルトガルの巡視艇にギリシャの沿岸警備隊隊員が1人同乗していたのは、前述の通りだ。私が乗っている間は、この隊員は後部甲板のいすに座っているだけだったが、実際に難民船を発見すれば、陸上のギリシャ沿岸警備隊本部に連絡するなど、欠かすことができない存在となるのだろう。

アンドレエスクは、「トルコは自国から難民が去らないようにするのが義務。トルコの国境警備隊、沿岸警備隊の役割は、不法な出入国を阻止すること。どの国でも同じことだ」と言う。互いの領海が接しているトルコ、ギリシャ両国にとって、不法な出入国を協力して防ぐことは、仮に難民問題がなくても、通常は利益になるはずだ。

難民船がギリシャの領海にいったん入ればFRONTEXは、沈没の危険があるときは、難民を巡視艇に移して救助する。危険がないときは港まで曳航《えいこう》する。そして、これら難民を、港からミティリーニの近くにあるモリア難民収容所まで運ぶ。

そうすると、どれくらいの割合で難民船がトルコ領海で発見され、ギリシャ領海への不法侵入を阻止されるのか、という次の疑問が浮かぶ。アンドレエスクは、「難しい質問だ。正直言ってわからない。それはトルコ沿岸警備隊に聞くしかないが、おそらく半分くらいだろう」との推測を語った。

ただこの点は、はっきりしたことは誰にもわからないだろう。何人の難民が行方不明になったかもはっきりしないのだから。

目には見えないが、モリボス沖の漆黒の闇の海面上には、難民にとって運命を分けるEU「圏境」が引かれていた。

「難民は必ず救助する」

ナルデラもアンドレエスクも、難民船がギリシャ領海に入るのを阻止したり救助をためらったりすることはない、と強調した。

ナルデラによると、「FRONTEXは難民船を止めることはしない。もし60人の難民が乗ったボートを発見したら、全員を必ず巡視艇に移して救助する。たいていが家族や子供が乗っており、すぐに浸水するような危険なボートだからだ」

アンドレエスクも、「トルコ当局の回答を待っているだけではない。ほとんどが安いゴムボートで沈没しそうだから、接近して救助する。ギリシャの領海に達したら、どんな状況であれ救助する。海上に放置することは絶対にしない。粗末なプラスチック製でエンジンを付けただけの船の場合もある。スピードボートもあり、密航業者が島に難民を運ぶとあっという間に消えるケースもあった。豪華なヨットもあった。あらゆるケースがあった」

2人が「難民を見捨てることはしない」と繰り返したのは、難民救援に当たる民間活動団体（NGO）から、FRONTEXがEU領海内に入らないように難民船を押し戻したりしているとの非難が繰り返されているからだろう。地中海では、難民救助に当たるNGOとイタリア沿岸警備隊との関係険悪化も報じられている。

こうした人道的な状況について、FRONTEXはどのように評価されているのだろう。仏ナント大学の研究員イヴェス・パスクオ（43）がこの問題の専門家というので、電話で話を聞いた。

パスクオによると、ポルトガルではないが、FRONTEXのある国の巡視艇に、そうした非人道的な行為があったとのNGOの報告があるという。彼によれば、「こうした場合、FRONTEXは法的に責任があると言えるか、という疑問が生じる。FRONTEXは、我々は単に主権国家の調整をしているだけで責任がない、とずっと言ってきた。しかし、国境管理はますますEU自身の問題となっている。FRONTEXは財政的、物質的な側面で強化されたが、活動の法的根拠を整えるなどまだ課題は多い」という。

これに関し、やはり電話で話を聞いたFRONTEX本部広報官のイザベラ・クーパーは、

「海にいる間は遭難者を救助するという、何事にも優先する海洋法上の義務がある。もちろん道徳的な義務でもある」と答えた。

私がポルトガル警備隊員たちに取材した印象からすると、彼らが人命軽視の活動をしているとはとうてい思えない。もし難民を助けることができないのだとすれば、それは、時化《しけ》とか船の収容能力などのやむを得ない事情だったのだろう。

パスクオはNGO寄りの意見を持っている学者のようだったが、他の国から派遣された沿岸警備隊の中には、人権意識の低い部隊もあるのだろうか。それはわからない。

FRONTEXの権限強化

パスクオが指摘した通り、２０１５年の難民危機をきっかけにFRONTEXの強化が行われた。

FRONTEXの発足は、１９８５年に調印されたシェンゲン協定抜きには考えられない。この協定は調印国間の国境管理を廃止することを定めており、２０１８年8月現在、調印国はEU加盟国28か国のうち22か国、スイスなど非EU国4か国の計26か国となっている。人々がパスポートチェックなどの手続きを経ないで、国境を越えて移動できる広大な「シェンゲン圏」がヨーロッパに出現した。シェンゲン圏には英国、ルーマニア、ブルガリアなどが加わっていないが、おおむねEUの領域と重なるので、これまで同様、「EU圏内への難民流入」などの表現を使うことにする。

ただ、EUのほとんど全域で人の移動の自由が実現したことは、テロリストや犯罪者がいったんEU域内に入ると、ヨーロッパのほぼ全域を自由に動き回れることを意味する。本来ならばEUとその外の境界の「圏境」で、そうした悪の侵入を阻止しなければならないが、財政危機に苦悩するギリシャを見てもわかるように、圏境に責任を持つ周辺国の行政能力は低い。

そこでEUは2004年10月、「対外国境管理協力機関」（FRONTEX）を発足させ、国境管理当局間の協力を強化した。しかし、この措置だけでは不十分なことが、難民危機で顕在化した。難民殺到にギリシャなどの国境管理はお手上げ状態に陥ったからだ。

EUは難民危機を受けて2016年9月、FRONTEXの権限や予算を大幅に拡大し、「国境沿岸警備機関」に改編した。EUのサイトではこの国境沿岸警備機関もFRONTEXと呼んでいる。

改編したことによって、何が変わったか。

それまでは基本的に主権国家の国境管理の調整役にすぎなかったのが、実動部隊を発足させたことが大きい。

現場で活動しているのは、各EU加盟国が派遣した警備隊であることは、レスボス島で見た通りである。ただ、彼らはFRONTEXの旗のもとで、FRONTEXの行動基準で活動している。

また、ヨーロッパ国境警備チーム（EBGT）という、危機的な状況が起きたときに迅速に展開できる部隊の創設が準備されている。実際には各国に人材をプールしておき、いざというときに問題の発生した地域に集合して活動をする。

広報官のクーパーは、「FRONTEXが国境管理を完全に肩代わりすることはない」と説明する。国境管理は、国家主権の最も根幹に関わる問題である。FRONTEXの役割は、EUのサイトによると、「ヨーロッパの国境管理を促進、調整、発展させること」「難民の動きを見張り、共同活動と緊急国境介入を調整、組織することで主権国家を助けること」である。

しかし、EUが総力を挙げて圏境を守る必要性はどんどん高まっている。ヨーロッパ共通外交とか共通安保の必要が叫ばれて久しいが、歩みは遅々としている。それに比べれば、無秩序な多数の難民流入を防ぐことは、どのEU加盟国にとっても具体的な必要がある。共通国境管理は意外とEU統合の先進的な分野になるのかもしれない。

「なぜ、ギリシャだけが苦しむのか」

2015年夏から深刻化したヨーロッパ難民危機の最前線が、この島だった。トルコからギリシャを経由してバルカン半島を北上し、ドイツを始めとする西ヨーロッパのEU諸国を目指す、いわゆる「バルカンルート」の入り口がここだった。

この人口9万人の島に、2015年だけで約50万人もの難民が、トルコから海峡を渡り押し寄せた。当時取材した記者によると、島の海岸で待ち受けていると、難民を乗せたゴムボートが次々に接岸して、難民たちが上陸してきた、という。

これまで単に難民と表記してきたが、正確には「難民認定を主な目的とする正規の出入国手続きを経ない入国者」と言うべきだろう。

難民の定義に幅があるが、本来は、圧政や戦乱から着の身着のまま隣国に逃れてきた人と言えるのではないか。母国を離れた理由が政治的迫害ではなく、経済的な困窮の場合は「経済難民」とされ、本来の難民の定義に当てはまらない。また、避難先からさらに第三国に移動する人々のことは、難民ではなくもはや移民と言えるのではないか。

付け加えるならば、EU諸国が結んでいるダブリン協定では、最初に入国したEUの国で難民申請をしなければならないことが定められている。EUの別の国に移動して難民申請をすることは許されない。

ただ、ヨーロッパに押し寄せる人々を難民と呼ぶことがすでに一般化しているし、ここでも特に断る必要がある場合を除き単に難民と表記する。

私が泊まったピルゴスホテルのロビーで、このホテルの女性経営者エブゲニア・ドレコリア（44）に当時の様子を聞いた。彼女は、アテネの大学で勉強した後、島に戻り、ホテルを2軒所有、経営している。聞きそびれたが、親から経営を引き継いだのかもしれない。

「2015年7～8月の20日間が特にひどかった。難民収容所が整備されるまでの1か月半ほどの間、ミティリーニ市の通りは難民であふれた。島の観光業はイメージの悪化で大きな打撃を被った。ミティリーニは援助関係者やジャーナリストでそれなりに潤ったが、観光だけで成り立っている島内の他の町は観光客数が4分の1にまで減少した」とドレコリアは嘆いた。

ただ、「この島の住民の多くは、第1次世界大戦後、ギリシャとトルコの間で起きた紛争や、ローザンヌ条約に基づく両国間の住民交換により、対岸のトルコ領から逃げてきた人々の子孫だ。彼らは難民を助ける気持ちを持っている。だから難民を排斥しよう、といった動きは大きくはならなかった」と言う。

彼女の話は、しまいにはドイツに対する文句になった。

「なぜギリシャだけが苦しまねばならないのか、不公平だ。ドイツはシリアの学歴の高い難民を優先的に獲得した。ギリシャが借金を返そうとしないので、ドイツはギリシャに罰を与えようとしているのか」

ミティリーニ市の渉外担当アンドリオティス

　こうした独断的で感情的なドイツに対する批判は、ギリシャ人の中で広く見られるようだ。

　肌の浅黒い、エネルギッシュな女性だった。

　ギリシャに向かう前、レスボス島の難民の現状を下調べしたが、全体像を知るには地元の行政当局に聞くのが一番のようだった。ミティリーニ市のサイトを見ると、市長室に渉外担当のマリオス・アンドリオティス（31）という人物がいることがわかった。

　記載されている番号に電話をしてみると、好意的な対応で、12日に市役所の彼の部屋で会うことになった。

　12日正午前、FRONTEX本部でのインタビューを終え、雲一つない青空の下、地図を頼りに歩いていくと、ギリシャ正教会や土産物屋、雑貨屋などが並ぶ、下町的な一角があった。魚屋の店頭には値札が置かれた20種類ほどのエビや魚が山積みになっている。日本の魚屋そっくりで、周辺のちょっと猥雑《わいざつ》な感じと併せ、日本の商店街を思わせる。

そこから路地に入ってようやく見つけた市長室のある建物は、100年以上は経《た》っていると思われる古い石造りで、木造の階段をぎしぎしいわせながら2階まで上がっていくと、彼の部屋があった。

島出身のアンドリオティスは、テッサロニキ・アリストテレス大学で、国際政治学で修士号を取った後、市長室に渉外担当の職があるのを知って、2014年に島に帰ってきた。国際政治、特に危機管理、戦争論を学び、それが難民危機対応に大いに役立ったという。押し寄せる外国ジャーナリストの対応にも当たった。

再び静かに増加する流入

私がレスボス島を取材したとき、もはや、ミティリーニ市内に難民らしき人の姿を見ることはなかった。後で聞けば、夕暮れどき、難民収容所からミティリーニに難民が散歩や買い物に出てくることもあるらしいが、もはやリゾート地の日常を乱すほどではないようだ。

状況が改善したのは、ひとえに2016年3月18日のEUとトルコの間の合意が効力を発揮したからである。この合意で、①トルコからギリシャに不法入国した移民・難民をトルコに送り返す　②トルコが引き受けたのと同数のシリア難民をEUが「第三国定住」で直接受け入れる　③トルコはEUに協力する見返りとして、シリア難民向け支援を60億ユーロ（7800億円。1ユーロ＝130円で計算）に倍増する　④トルコ国民がEUに渡航する際のビザ免除期間の前倒しを行う――などの実施が決まった。

3月20日から実施され、難民支援のNGOからは、非人道的との批判を浴びたが、効果は明らかだった。

レスボス島への難民流入数は、2016年1月／4万2601人、2月／3万1416人、3月／1万4155人と推移し、4月になると1766人と激減した。

ギリシャへの難民流入数は2015年が74万人だったが、2016年は17万3000人と激減した。

FRONTEXのナルデラに、「なぜこれほどまで効果的だったのか」と質問したところ、彼は「おそらくトルコ当局が国境管理を強化し、密航業者が難民を集めるのを阻止していると思う。ただ、何が起きているのか正確にはわからない。我々がわかるのは、彼らの努力の結果だけだ。一方、イタリアに押し寄せる難民は増えている。ヨーロッパに来ようとしている人間が多いという事実は変わらない。ルートが変わるだけだ」と答えた。

トルコのメディア「デーリー・サバハ」（2017年12月14日付電子版、英語）によれば、トルコ当局は沿岸警備を強化している。EU―トルコ合意以降、トルコとギリシャの間の海を渡るときに拘束される難民の数は85％減った。密航業者に対する取り締まりの強化とトルコにいる300万人のシリア難民の生活状況を改善したので、海を越えてギリシャに向かう難民が少なくなった、という。

ただ、トルコ政府の方針で、これほど劇的に難民数が減るのであれば、トルコ政府のさじ加減一つで再び増加させることも容易ではないか。その懸念は、アンドリオティスが口にした。私が島を訪れた2017年9月、難民流入数は週250人と、それまでの週160人から再び増加傾向にあったこともある。

「最近また増加しているのは、トルコ政府の政策が原因だ。トルコ政府がまじめにやらないのか、意図的に出国させているのか、わからない。ただ、何かがエーゲ海の反対側で操作しているように見える。おそらくEUとトルコの関係悪化が背景にあるのだろう。今のところEU―トルコ合意はおおむね効力を保持している。しかし、明日何かが起きて、2000〜3000人の難民が再び押し寄せることもあり得る」

ポルトガル部隊のジャルディン隊長は、「トルコは非常に協力的」と言っていたが、アンドリオティスはギリシャ人なのでトルコに対する見方は厳しいのかもしれない。

英紙ガーディアン（2017年11月9日付電子版）も、レスボス島への難民流入数が増えているとして、その背景には同年7月のイラク政府軍による、「イスラム国（IS）」からのモスル奪還と、EU―トルコ関係の悪化があるのだろうとの見方を報じている。

ＦＲＯＮＴＥＸの活動については、アンドリオティスは高く評価した。

「２０１５年の難民危機が深刻化した当時、15～20人の国境、沿岸警備隊員がいただけだった。その後、人員も増強されて巡視艇も配備された。ＦＲＯＮＴＥＸは今ではよい仕事をしている。十分な手段を持ち、ギリシャ当局を助け、難民を海で救助している」

ただ、ＦＲＯＮＴＥＸの活動にも限界があるという。

「どこで密航業者が活動しているか、どこから船が出ているのかを正確に突き止めるのはトルコ政府の責任だ。もし、船が海に出てしまえば、彼らを押し戻すことはもはやできない。船に乗っている難民を救助しなければならない」

先にＦＲＯＮＴＥＸは「早期発見」のやり方で難民流入の阻止に貢献している、と書いたが、レスボス島とトルコ領との距離はわずか10㎞だ。アンドレエスクが言ったようにスピードボートで難民を運ぶ密航業者もいる。そうした難民船の場合、「早期発見」できたとしても、トルコ領内で阻止することは難しいのではないか。

トルコ頼みの流入抑制

先に発言を引用した広報官のクーパーは、歯切れのよい英語でよくしゃべる人だった。彼女が強調したのも、難民の大量流入の再来があるかないかは、国際政治の大きな動向にかかっており、FRONTEXの役割には限界があるということだ。

「2015年、88万6000人もの移民・難民が五つのギリシャの島を経由して入ったことで、人口1100万人の小国ギリシャの沿岸警備隊や警察の力では、これらの人々を処理できなかった。FRONTEXの役割は、こうした境界の国々の国境管理に、追加の技術的支援を与えることだ。それらの国の国境管理に取って代わることではない。

今ヨーロッパに流入している難民は、庇護《ひご》権のある人と、よりよい経済条件を目指す経済難民が混在している。国境管理そのものが解決につながるわけではない。第一に、難民出身国を安定させることが大切だ。治安と経済発展の両面でシリアに安定をもたらさねばならない。経済的に発展すれば、経済難民はヨーロッパに来なくなる。

第二に重要な要素は、密航業者のネットワークを解体することだ。ヨーロッパ刑事警察機構（ユーロポール）によると、100万人がEUに入った2015年、犯罪者は40億～60億ユーロの利益を得た。

第三に密航業者の手に落ちることなく、合法的に入国する（第三国定住の）チャンネルを作ることだ。EUの規則ではEU領域に入らない限り、難民手続きはできない。EU―トルコ合意に基づき、トルコで第三国定住の申請をすることができるようになった。そうした受け入れのインフラを作ることが重要だ」

私の「今の能力で、仮にもう一度、1日に数千人の難民が流入する事態となった場合、FRONTEXはコントロールできるか」との質問に対する彼女の答えは、リスク予測を強化することによる解決だ。

「FRONTEXは、『リスク分析ユニット』を持っている。ギリシャ、イタリア、ブルガリア等の状況を緻密に分析している。FRONTEXの国境、沿岸警備隊が迅速に展開できるようになった。誰が送還されるべきかを決めるのは加盟国だが、送還のためのロジスティックス、飛行機などを提供することができるようになった」

それでも、彼女が話の結論として言ったのは、「FRONTEXとは、難民流入を管理するための真の解決ではなく、大きなジグソーパズルの一つの小片にすぎない」ということだった。

その後、FRONTEXに関しては2018年5月、欧州委員会が現在の1000人の人員を2027年までに6000人にまで増やす提案をした。

オーストリアのセバスティアン・クルツ首相は、それに対し、「それでは遅すぎる、1万人にまで増員すべきだ」と述べた上で、FRONTEXを、アフリカ諸国の同意の上だが、それらの国に派遣して、領海で難民船を阻止して、各国に連れ戻すことを提案した。

また後述するように、フランスのマクロン大統領とドイツのメルケル首相は、それぞれ発表したヨーロッパ統合の将来構想の中で、「ヨーロッパ国境警察」の創設をうたった。

実現は容易ではないだろうが、仮に国の主権から独立し、独自の機材、人員を備えたヨーロッパ共通の警察組織ができれば、例えば常備されたヨーロッパ沿岸警備隊の巡視艇に、様々なEU加盟国出身の隊員が乗ってパトロールする、ということになるのだろう。

モリア収容所に入れず

レスボス島にはモリア収容所とカラテペ収容所という二つの難民収容所がある。カラテペはミティリーニから海沿いをタクシーで10分程度、モリアもそこからさらに5分程度の坂道を上ったところにあった。

島に入った難民が最初に収容される施設であるモリアでは、ギリシャ国境管理当局をFRONTEXが支援して、登録や指紋採取などを行っている。

カラテペは、ミティリーニ市が運営している難民収容所で1000人が収容されている。ギリシャで難民申請を行った、母子だけの家族や高齢者など社会的弱者の難民たちがいて、いくつかのNGOが支援している。

出発前に日本で、ギリシャ政府報道局宛てにメールで、難民収容所の取材申請を出していたが、結局、レスボス島に渡った時点で返事は来ていなかった。市役所のアンドリオティスの事

カラテペ収容所の入口

務所で事情を説明すると、入口まで行ってみれば中には入れるだろう、というはなはだ当てにならない答えだった。

カラテペの方は市が管理しているので、取材許可証をもらい、13日昼過ぎに出かけていった。しかし、実際行ってみてわかったのは、この書類は収容所の立ち入りを認めただけで、取材を確約したものではなかった。収容所の入口の検問所で、職員が収容所の外に出ようとする子供たちをしかり飛ばす光景をぼんやりと見ながら、小一時間、待つ羽目となった。

結局、所長のスタヴロス・ミュロギアニスは多忙で会えない、ということで、職員の一人フィリツァ・セラストウ（50）の案内で中に入り、収容所内をぐるっと見て回った。

構内はコンテナが並び、お茶が飲める休憩所、集会室などが整備されていた。意外なほど人は少なく、むしろ閑散とした感じだったが、子供たちが数人ずつ遊んでいた。コンテナの一つを覗《のぞ》くと、NGOの英国人女性が中年の男性の難民7人を相手に、英語の授業を行っていた。「私は日本人だ」と言うと、地図を指さしながら「さあ、日本はどこにあるでしょう」などと授業を進めた。

難民の生徒の話も聞きたかったが、セラストウにせかされてそのコンテナの部屋を出ざるを得なかった。セラストウは以前は島の観光ガイドをやっていた、とのことだが、つっけんどんな対応をする不愉快な女性だった。最後に名前を聞くと私のメモ帳に所長と自分の名前をなぐり書きした。

カラテペの後、タクシーでモリア収容所に向かい、入口の監視所で受付の女性を相手に事情を説明し、入構できないか粘ってはみたが、らちがあかなかった。

振り返ってみれば、モリア収容所は難民とおぼしき人が頻繁に出入りしていたから、難民を収容所の外でつかまえて話を聞くぐらいのことは試みるべきだったと思う。それをしないで、レスボス島を離れるためタクシーで空港に向かったのは、恥ずかしい話だが、記者失格の失敗談である。

難民が置かれた非人道的状況は続く

モリア収容所の取材ができなかったのは、ギリシャ当局がジャーナリストの取材に神経質になっていることもある。確かにネットを見ると、モリアの「非人道的状況」を告発するメディアの情報、NGOの報告などがあふれている。

2017年11月に放映されたドイツ公共放送ARDのルポルタージュ番組では、アラブ系と見られるドイツ人女性記者が、スカーフをかぶって隠密《おんみつ》に収容所内に入り、スマホで隠し撮りした映像を放映していた。

同番組によるとモリア収容所は、2000人の収容能力のところ6500人が収容されており、コンテナ内には場所がないため、夏用のテントを張って生活している。家族8人で生活しているテントもあり、多くが1年以上、収容所で過ごしている。計画ではEU―トルコ合意に基づき、2016年3月20日以降、トルコから不法に入国した難民は、この収容所からトルコに帰還させるが、多くの人々があきらめずに難民申請を続けている。食料も水も不十分でトイレも不衛生だ。6、7人の自殺未遂が毎週起きている。異民族間の諍《いさか》いが頻繁に起きる――。

あまりに急激な難民の増加は、ギリシャ政府の力だけでは明らかに加重負担だったことが「非人道的状況」を生んだ背景にあるのだろう。2017年9月の時点では、事態はずいぶんと改善されていたが、市役所のアンドリオティスは、難民流入が再び増加している現実に加え、依然として収容所に収容能力を超えた難民がいる実態への懸念を語った。

「難民問題は、しばらくは安定していた。しかし、現在、状況は危険で急変しうる状態(volatile)になっている。一番の懸念はモリア難民収容所の状況だ。難民申請者は長くそこにとどまらねばならないし、2015年に比べ少数ではあるが、新しく来る人々がいる。もしこの状態が続けば、何らかの措置が取られない限り危険になる。難民受け入れの制限か、難民をギリシャ本土に運び、モリアの収容者数を減らす必要がある。

月に5万、6万ユーロかかる難民収容所の運営費も非常に重荷だ。このカネは地元住民の税金であり、もともと別の目的に使うべきカネだ。NGOとの協力で負担を軽くしようと努める一方、EUが負担するように求めている」

シリア紛争がやみ、アフリカから南西アジアにかけての地域が経済的に発展しない限り、真の解決とはならない。とはいえ、その道筋を描くことができる人はどこにもいないだろう。

第2章 泥濘のリトアニア 軍演習場へ

独立運動と杉原千畝

ギリシャのレスボス島からほぼ真北、東京と沖縄間（1556㎞）よりやや遠い約1700㎞の距離に、リトアニアの首都ヴィリニュスがある。

満ちあふれた陽光、紺碧《こんぺき》のエーゲ海、椰子の木に特徴づけられたほとんど南国から、一転してコートを着込まねばならないほどの陰鬱な寒天、泥濘《でいねい》の大地、白樺《しらかば》林の北国へと降り立った。わずか1週間ほどの間隔を置いて二つの地域に赴き、月並みな感想だが、ヨーロッパの違いの大きさ、言い換えれば多様性、を改めて認識した。

リトアニアはバルト海沿いに南北に並んだバルト3国のうち、一番南に位置する国である。人口281万人、国土面積は6万5000㎢と北海道（8万3450㎢）よりもかなり小さい国である。

近年、リトアニアと聞いて連想するのは、日本外交官の杉原千畝《ちうね》（1900〜86）だろう。詳しい経緯は省くが、杉原が1940年、ナチ・ドイツに迫害され逃れてきたユダヤ系を中心とした約6000人に、日本の通過ビザを発給した舞台は、当時リトアニアの臨時首都だったカウナスの日本領事館だった。

私は2001年3月21日、記念館として整備されたばかりのこの元領事館に取材に行ったが、写真パネルや杉原の肖像を彫ったレリーフが展示されているくらいで、2階の資料室には、まだ資料はほとんど備わっていなかった記憶がある。

生命を賭したソ連からの独立運動も印象深い。民族組織「サユディス」を率いた音楽学者ヴィタウタス・ランズベルギス（1932〜　）を覚えている人も多いだろう。

彼には1997年5月9日、ヴィリニュスの彼の自宅でインタビューした。ランズベルギスは当時、作曲家で画家だったリトアニア人ミカロユス・チュルリョーニス（1875〜1911）の全集編纂《へんさん》に携わっていたが、政治活動が忙しくなかなか時間がとれない、などと話していたことを思い出す。

リトアニアをはじめバルト3国は、第1次世界大戦後の1918年にロシアからの独立を果たした。しかし、1939年のナチ・ドイツとソ連の間のモロトフ・リッベントロップ秘密議定書に基づき、1940年ソ連に占領され、リトアニア・ソビエト社会主義共和国として組み込まれた。ナチ・ドイツによる支配（1941～44）を経て、ソ連が再び侵攻し、ソ連の共和国としての歴史を歩むことになる。

1980年代後半になって独立の気運が盛り上がり、リトアニアではエストニア、ラトビアに先駆け、1990年2月に自由選挙が行われ、3月11日にリトアニア最高会議が独立宣言を行った。

これに対しソ連側は独立の撤回を要求し、1991年1月13日、ヴィリニュスのテレビ塔を守っていた市民に対しソ連軍が発砲し、14人が死亡した。国際社会ではバルト3国の独立を承認する動きが広がり、1991年9月6日、ソ連はバルト3国の独立を承認した。

その後、バルト3国はヨーロッパの仲間入りを目指す路線を貫き、3国そろって2004年3月に北大西洋条約機構（NATO）、同5月に欧州連合（EU）に加盟し、2007年、締結国間の国境検問を廃止するシェンゲン協定も施行された。またエストニアが2011年、ラトビアが2014年、リトアニアが2015年にそれぞれユーロを導入し、ここに宿願だったヨーロッパの仲間入り路線はほぼ完成した。

無愛想な空港

私がドイツのフランクフルト空港から、どんよりと曇ったヴィリニュス空港に降り立ったのは、2017年9月20日午後1時過ぎ。最初の予定であるリトアニア外務省の外交官へのインタビューまでまだ時間があったので、市内に行くバスか電車を探した。

しかし、一体どこから乗っていいのかわからない。バスの運転手に市内に向かうバスかどうか英語で聞いても、NOと無愛想に返事されるだけ。外国人訪問者にここまで配慮しない不親切な空港は今時珍しい。

少し先に鉄道の絵が描かれた看板があるので、そこまで数分歩いていくと、鉄道駅があった。ようやくこれに乗れば市内に出られる、とわかった。1時間に1本程度と少ない本数だが幸いなことに10分ほど待てば来そうである。

1両編成の、ドイツの近郊列車でよく使用されているのと同じ車両だ。のろのろと走り出してまもなく検札係が切符を売りに回ってきた。運賃は70セント（約90円）と安い。もっとも距離も短く、7分でヴィリニュス中央駅に到着した。

リトアニアにはそれまで4回、取材に来た。最初に来たのは1997年5月5〜10日。来日を前にしたアルギルダス・ブラザウスカス大統領（1932〜2010）、ランズベルギス（前出）らにインタビューをした。ヴィリニュス市内のトロリーバスはぼろぼろだし、当時はソ連共産主義体制独特の暗い、荒廃した感じがまだ色濃く残っていた。

その後、1998年、2001年に国政選挙の取材などで来て、2007年1月23〜25日には、隣国ラトビア、ベラルーシとの国境近くにあるイグナリナ原発を取材した。同原発はソ連時代から稼働してきた黒鉛原子炉で、すでに原子炉の1基は廃止され、もう1基も当時、EUから廃止を求められていた。日本企業の建設参加の情報があったが、新型炉の建設は莫大《ばくだい》な費用がかかるため、まだ具体化はしていなかったと思う。

残る1基も2009年末で廃止され、日立GEニュークリア・エナジーが改良型沸騰水型軽水炉を新設することにいったん、決定した。しかし、2011年の福島第1原発事故後、2012年10月14日に行われた国民投票で建設反対が多数となり、現在計画は凍結されている。

原発取材に行く前の晩、ヴィリニュスの旧市街を歩いていると、前を歩いていた2人組の男たちに、財布を目の前で故意に落とされ、危うく犯罪被害に遭うところだった。もし拾っていたら、何か因縁をつけられて危害に遭っていたかもしれない。いやな記憶が残っている。

しかし、行くたびにヴィリニュスの町並みの整備は進み、こざっぱりとしたきれいな町になってきた。独立以来続く人口流出に歯止めはかからないし、2008年からの世界金融危機に直面し、市内で暴動が起きるなど厳しい時期もあったが、これまでのソ連からの独立、ヨーロッパへの仲間入り路線はおおむね正しかったのだ、と見るべきだろう。

今回、10年ぶりに来て、市内を流れるネリス川の対岸に高層ビルが10棟ほど並んでいるのにはびっくりした。市内には日本でも最近見られるようになったレンタル自転車の駐輪場があった。目抜き通りのゲディミノ通りは舗装が真新しくなっていたし、店も垢抜《あかぬ》けたものになっていた。

もっとも、トロリーバスは、ソ連時代からのものと思われるぼろぼろの車両がまだ走っているし、空港のどこか投げやりな雰囲気は書いた通りだ。

ロシアの古典的脅威は続く

リトアニアでの取材テーマは、レスボス島と同様、今のヨーロッパの危機を生み出す外からの脅威についてである。それに最も強くさらされ、揺さぶられているのが周縁の国であることは言うまでもない。脅威は周縁から中心へと波及し、ヨーロッパ全体を変えていく。

難民の大規模流入は人道問題であるとともに、新しい型の脅威と言えるだろう。常に人の移動にさらされてきたヨーロッパではあるが、２０１５〜２０１６年の大量流入は、その規模、流入の速度、そして異文化を背景としたものであったことを考えれば、未曽有の事態だった。

一方、リトアニアに直接関係があるロシアの動向は、サイバー攻撃などを組み合わせた「ハイブリッド戦争」と呼ばれる複雑化した要素はあるものの、基本的には国家対国家の、軍事力を背景としたいわば古典的な脅威の問題である。テロリズムなどいわゆる非対称的な脅威が支配的となったとされた冷戦後の世界だったが、ロシアによるクリミア併合、東部ウクライナへの軍事介入は、国家単位の国際社会の本質に大きな変化がないことを示す事件でもあった。

ドイツ南部ミュンヘンで毎年、世界の安全保障関係者を集めて国際会議「ミュンヘン安全保障会議」が開かれるが、2007年2月10日、ロシア大統領のウラジーミル・プーチンが会議で行った演説が、振り返ってみれば冷戦後の世界の画期を象徴していた。

プーチンは、NATOの東方拡大や、米国のジョージ・W・ブッシュ政権によるミサイル防衛網のヨーロッパ配備などを念頭に、「冷戦時代の米ソの兵力バランスが世界の安定をもたらした。米国の一極支配は不可能であるし、望ましくもない」「ヨーロッパに新しい分断ラインが引かれようとしている。(NATO拡大で)ブルガリア、ルーマニアにも米国の前進基地が作られている」などと激しい口調で西側世界を非難した。

プーチンにとって安全保障とは、国家の軍事力に基づくバランス・オブ・パワーをおいて他にはないこと、西側のリベラルな国際秩序とはまったく異質の勢力圏的発想で、国際社会を見ていることを宣言したものだった。それまで西側世界にあった、ロシアの自由化、民主化への期待は、これを境に失望、そして警戒へと転じていった。冷戦崩壊から続いていた「歴史の終わり」=世界の民主化への楽観論が、悲観論に取って代わる節目だった。

私もこの会議に出席し、会場のホテルの記者室で演説を聞いていたのだが、はっきりした物言いにびっくりすると同時に、ロシアは変わらない、やはりこういう国だったのだ、と感じたことを思い出す。

ロシアの「先祖返り」を裏書きするような周辺国への軍事介入が、その後、続けて起こった。

２００８年８月７日深夜から８日未明にかけジョージア軍が、１９９３年にロシアの後ろ盾を得てジョージアから「独立」していた南オセチアに攻撃した。平和維持軍として当地に駐屯していたロシア軍と戦闘状態に入ると、ロシア軍は増援を受けジョージア領内に侵攻した。戦端はジョージア側から開かれたとされているが、勢力圏と見なす場所で権益を侵されると判断すれば、ロシアは軍事力行使に躊躇《ちゅうちょ》しないことを改めて世界に示した事件だった。

２０１４年２月には、ウクライナでの政変をきっかけに、ロシアはウクライナ領のクリミア半島を併合し、東部ウクライナへ軍事介入した。

その後、東部ウクライナでは、ロシアに支援された親ロシア派武装勢力とウクライナ政府軍との戦闘が続き、７月17日の親ロシア派武装勢力によるマレーシア航空機撃墜事件をきっかけに、米国を中心に西側世界による本格的な経済制裁が発動された。

２０１４年９月と２０１５年２月の２回にわたり、ベラルーシの首都ミンスクで、東部ウクライナ和平に関する停戦協定「ミンスク合意」が成立したものの、ロシアに合意を履行する姿勢は見られず、東部2州の親ロシア派武装勢力による支配は既成事実化し、制裁解除の見通しもないまま「新冷戦」が常態化している。

2014年に設置されたNATO緊急対応部隊

世界中がこうしたロシアの行動に身構えたが、とりわけ自国生存の死活的な問題として、衝撃をもって受け止めたのが、ロシアと直接国境を接し、第2次世界大戦後、約45年間、ソ連共産主義体制の圧政に苦しんだポーランドとバルト3国だった。

ロシアに国境を接しているのみならず、バルト3国はウクライナと同様、かつてソ連に共和国として組み込まれていたという類似した条件下に置かれている。ロシア系住民はエストニア、ラトビアでそれぞれ30％、ウクライナでは約20％と大きな割合を占める。

リトアニアは西の国境でロシアの飛び地であるカリニングラード地区と接している。リトアニアでは半ば冗談で「我々の脅威は東からではなく西から来る」などと言う。

第2次世界大戦後、西ヨーロッパ防衛の柱はNATOだった。冷戦崩壊後、ポーランドとバルト3国も、ロシアに対する安全保障をNATO、なかんずくその中心国である米国に求めた。

西ヨーロッパではNATOの新しい任務の中心に、地域紛争や国際テロへの対処を置く考え方が強くなった。その多くが、アフガニスタンをはじめ、NATO条約に基づく防衛地域の域外での活動だった。しかし、東ヨーロッパにとってはロシアに対する安全保障は、依然として差し迫った課題だった。

2014年のロシアによる東部ウクライナ侵攻は、NATOが「加盟国の領土と国民の防衛」という冷戦時代の原点に回帰する画期となった。

NATOは新しい事態に対応するため、2014年9月4、5日、英国ウェールズでの首脳会議で、48時間以内に紛争地に兵力を展開することを目標にした、5000人規模の緊急対応部隊の創設などを決めた。

2015年6月18日、ポーランド西部ジャガンの同国陸軍演習場で、NATO緊急対応部隊の初めての大規模演習が報道陣に公開され、私も現地に行って取材した。

9加盟国の軍隊、2100人が参加した演習が想定したシナリオは、外国の民兵組織が加盟国の国内で政治的な不安定を引き起こすと同時に、敵対的な国が国境で軍事演習を始めた、というもので、ロシアを念頭に置いていることは明らかだった。

さらに、ロシア対応の総決算と言えるのが、2016年7月8、9日にワルシャワ首脳会議で打ち出されたポーランド、バルト3国へのNATO軍の「拡大前方プレゼンス戦隊

テロ犯の制圧訓練をするNATO軍兵士（2015年6月17日、ポーランド西部ジャガン）

演習を行うNATOの緊急対応部隊（2015年6月18日、ポーランド西部ジャガン）

(Enhanced Forward Presence Battle Group)」の配備だった。

２０１７年初頭から配備が開始され、４か国にそれぞれ１０００人強の規模で、米がポーランド、英がエストニア、カナダがラトビア、ドイツがリトアニアでそれぞれ主要派遣国となり、司令官の地位を握っている。主要派遣国の他にも、多くのＮＡＴＯ加盟国が部隊を派遣した。

４年ぶりのロシア軍事演習「ザーパド」

ロシアに対する抑止に踏み切ったＮＡＴＯだが、かつてバルト３国を占領したこともあるドイツが軍を派遣したリトアニアでは、どうＮＡＴＯの措置を評価しているのだろうか。

折しも９月11日から１週間にわたってロシア軍とベラルーシ軍が、合同軍事演習「ザーパド」（ロシア語で西という意味）を、ポーランド、バルト３国の国境に沿って、４年ぶりに実施する予定だった。今回は「冷戦終結後、最大級」とのことだったが、現地は緊張に包まれているのだろうか。

ヨーロッパに出発する前の８月中旬、リトアニア国防省広報部に、ルクラに駐屯しているドイツ連邦軍を取材したい旨、メールで申請をした。しかし、拒否のメールがまもなく来た。受け入れ態勢が整わないことが理由だった。

遠路リトアニアまで行って、手ぶらで帰るわけにはいかない。すでに日本を離れた後、ドイツ国防省を通じて再度、申請をした。リトアニアに到着する直前になって取材を受け入れる旨、回答があった。

2017年9月22日午前4時30分、前日に予約しておいたタクシーにホテルの前で乗り込み、最初は高速道路、途中からは舗装はされているが片側1車線の細い田舎道を、ルクラへ向け急いだ。ヴィリニュスから1時間30分かけて着いたルクラは、まだ暗闇の中に沈んでおり、ソ連時代に建てられたものとおぼしきアパートが数棟認められるだけの閑散とした町だった。

軍事基地の正門前にタクシーを乗り付け、正門脇の検問所に入って英語で聞くと、若い衛兵は「ここはリトアニア軍の宿営地でドイツ軍はいない。NATO軍がいるのは別の宿営地」と英語で返答した。

タクシーの運転手に場所を説明してもらって出発したが、あっという間に道に迷ってしまった。メールをやりとりしていたドイツ軍広報官に携帯から電話をすると、リトアニア軍の基地の前で待っていれば迎えに行く、とのこと。

20分ほどで、広報担当のセバスティアン・グリュンベルク中尉が、ドイツのテレビ局の記者、カメラマンの2人と一緒に軍用ワゴン車でやってきた。

ようやく白んできたルクラの町を出て演習場に向かった。30分くらい走って到着した演習場

待機するドイツ軍の歩兵戦闘車

は、白樺の森に囲まれ、所々、灌木《かんぼく》や雑草が生い茂った場所だった。

ワゴン車で軍靴《ぐんか》に履き替え、グリュンベルクに導かれて泥に軍靴を取られながらも、轍《わだち》が深く掘られたぬかるんだ道をひたすら歩いた。白樺の林を霧が低く這《は》うように流れていく風景は水墨画のようだった。

森の中に入ると、地面は厚いコケで覆われている。所々に、真っ白だったり毒々しい赤いキノコが覗いている。有刺鉄線の断片や、使用済みと思われる発煙筒が転がっている。

演習はドイツ軍が守る陣地をオランダ軍が攻撃する、というシナリオだった。

「マーダー（Mader）」と呼ばれるドイツ軍の歩兵戦闘車が、少し地面を掘り下げたくぼみの中で攻撃をじっと待ち受けている。切り出した白樺の枝を柱

身を潜める2人のドイツ軍兵士

にし、灌木の葉っぱで簡単な覆いをした陣地に兵士2人が身を潜めている。

その近くで、グリュンベルク、ドイツのテレビ局記者とカメラマン、現地部隊の指揮と評価に当たっている大尉、女性兵士、私の計6人で、演習の開始を待った。

大尉は次のように説明した。

「演習に参加している私の部隊は、旧東ドイツ・ザクセン州に本部を置く第371機甲歩兵大隊。マーダー10台が待機して、南東方向から接近してくる敵を撃退する。演習は3日間の日程で、兵士は二晩寝ていない。できるだけ実戦に近い条件で行うためだ。演習は特にロシアを意識したものではない。ドイツ国内でやっているのと同じ標準的な演習。唯一の違いは、オランダ、ベルギーの部隊といっしょに演習をしていることと、沼地のような地面。これはドイツにはない。車両が立ち往生してしまう。しかも、つい先日まで大雨だった」

新鮮な空気の中迎える晴れた朝は気持ちがよかったが、無数の大きな蚊がひっきりなしに襲いかかってくるのには閉口した。

耳をつんざく銃声

演習開始時間は大幅に遅れ、午前8時を回り、復路のことが気になり出した。午後1時30分からヴィリニュスでカロブリス国防相にインタビューの予約があるのだが、間に合うだろうか。

すると突然、「こっちへ来い。早く乗れ」と鋭い声が、森の中に響いた。歩兵戦闘車に乗ったドイツ軍兵士が、森の中にいた配下の兵士に向けて叫んだのだ。そのとたん、鋭い銃声が立て続けに響いた。

木陰の向こうに数十人のオランダ軍兵士が走って展開する様子が見える。いつのまにかドイツ側の陣地に接近していたのだ。

歩兵戦闘車から強い光を発する発煙弾が発射され、周囲は濃厚な煙幕に覆われた。グリュンベルクが私の肩を後ろから引っ張り、「危ないから下がれ」と叫ぶ。

今まで木々の間に佇《たたず》んでいた歩兵戦闘車は周囲にいた兵士を乗せると、泥を撥ね上げながら速度を上げて後退し始めた。ひっきりなしに射撃音が森に響く。もちろん、実弾演習ではないが、軍事の素人にはなかなか迫力のある現場だった。

演習開始から10分もしないうちに、グリュンベルクが「演習がどんなふうに行われるか、感じはつかむことができただろう。待機しているワゴン車に戻ろう」と取材終了を促した。

予定より時間はかなり回っており、急がないと後のスケジュールに間に合いそうもない。後ろ髪を引かれる気持ちはあったが、彼の言葉に従い、またぬかるみの中を、来た道を戻り始めた。

発煙弾の煙に覆われる演習場の森

ドイツ軍兵士が運転する軍用ワゴン車に乗り込み、ルクラの町外れにあるNATO軍の宿営地に向かった。隊員たちが寝泊まりする隊舎は、NATO部隊が進駐するのでソ連時代のものを改装したのだろうか、まだ真新しく見えた。正門の近くの国旗掲揚塔にはNATO参加国の国旗が掲げられていた。

司令官室などが入るプレハブ造りの隊舎で、オランダ軍から派遣されている副司令官のマルティン・ポットハウジン少佐(46)に話を聞いた。彼はこれまで、ボスニア3回、イラク1回、アフガニスタン2回の計6回、オランダ軍の海外活動に参加した。人当たりがいい好人物だった。

同宿営地に駐屯するNATO軍は、ドイツ軍が主力の450人、オランダ、ベルギー、ノルウェー、ルクセンブルクの4か国も部隊を派遣し、全部で1000人強の兵力。ドイツ軍将校が指揮官を務めて

インタビューに答えるポットハウジン少佐。オランダ軍から派遣されていた

いる。

ザーパドはロシア側の公表では1万2700人が参加することになっていたが、西側軍事筋の分析では、その8倍の兵力が参加すると見られていた。NATOの最前線でロシアの動向を監視していた部隊の司令官は、状況をどう見ているだろうか。

「外から見れば懸念はもっともだが、情勢は平穏だった。もちろん我々は注意深く見ていたが、日常的に行っていることを変更するほどの事態はなかった。こちらはいつもの訓練を行っていた」

ロシアの戦術はハイブリッド戦争であり、サイバー攻撃も懸念されたが、この点に関しても顕著な変化はなかったという。

ルクラはロシアやベラルーシとの国境から100㎞程度離れている。もっと国境に近いところに駐屯した方がいいのではないか、という問いに対して彼はこう答えた。

「我々は国境警備隊ではない。必要なところへの展開は迅速にできるし、そもそもロシアの侵攻という恐れは持っていない。我々の存在は、主にバルト3国というNATOの仲間に対する政治的なシグナルだ。バルト3国がロシアを脅威と認識するのは十分根拠があり、そうした状況で、NATO加盟国はNATOが単なる政治的なサイン（署名）だけでないことを、バルト3国が本当に他の加盟国を当てにできることを示したい。従って目的は抑止することだけではなく、NATO加盟国を安心させることだ」

彼の回答はやや拍子抜けするものだったが、確かにNATO軍はロシア軍に対して圧倒的に小規模である。軍事的意味よりもむしろ政治的意味が強い、との説明は、腑《ふ》に落ちる。

取材が終わってヴィリニュスに向けタクシーを呼んで帰ろうとしたところ、簡単にはいかなかった。

地元タクシー会社との間で、ほとんど英語が通じないのだ。本部の下士官がネットで地元のタクシー会社を調べ、電話をしてくれるのだが、「リトアニア軍とは別の宿営地の正門に、1台送ってくれ」という、英語での要求がなかなか伝わらない。

下士官も何度もゆっくりと噛《か》んで含めるように伝えたが、いよいよあきらめて、「通じたかどうかわからないが、とりあえず門の前まで行って待ってみよう」と言う。宿営地を横切り、正門で雑談をしながら待っていると、私も下士官もそろってびっくりしたのだが、ほどなくしてタクシーが1台やってきた。

タクシーの運転手も、ロシア語ならば少ししゃべるようだったが、ほとんど英語ができない。ヴィリニュスでは、4、5人の通行人に道を聞いたのだが、みんな英語がうまかった。もっとも、何となく知的で英語を話せそうだ、という人に話しかけるわけだが。

独立後のリトアニアでは、外国語能力の差が開いている。能力の差はリトアニアのような小国では直接、収入の差につながる。経済格差も独立後、拡大していることが容易に想像できた。

ライフル銃兵同盟への参加者が増大

ロシアの軍事介入を見て、リトアニア国民のロシア脅威感は刺激され、危機意識とともに愛国心が高揚している。その表れが、民間の準軍事組織「リトアニア・ライフル銃兵同盟(Lithuanian Riflemen's Union)」(以下、「同盟」)への参加者の増大である。

「同盟」は世界の多くの国にある民間(郷土)防衛組織の一つである。バルト3国のような国に来ると、安全保障の観点からすれば、日本はずいぶん恵まれた歴史を辿ってきた国なのだ、と痛感する。民間防衛組織を必要としない程度に日本の安全は守られてきたのだから。

他国の侵略によって独立が失われた国とは安全保障に関する皮膚感覚が違うのである。こうしたことに想像力を働かせることが異文化理解の要諦だと思うが、日本でそれを欠いた言論がいかに多いことか。

同盟本部はカウナスにあるので、今回の取材では訪れる時間がなかったが、同盟渉外担当者のドヴュダス・ログリスに出張先からメールで連絡を取ったところ、ヴィリニュスで同盟の「司令官」と会う手はずを整える、とのことだった。

指定された場所はリトアニア軍士官の食堂で、ヴィリニュス市街の煉瓦《れんが》造りのくすんだ建物だった。1920年代のリトアニア軍の写真が掲示されたホールを抜けて、階段を2階に上がっていくと、同盟のかつての英雄たちや、おそらく中世のリトアニアの王族の肖像画が掛かっている部屋があった。ここは会食だけでなく、いろいろな催しが行われる軍の将校クラブなのだろう。

ログリスから受け取ったパンフレットによると、同盟が発足したのは、1919年6月27日。第1次と第2次世界大戦の間の独立期には、6万2000人の団員がいた。

1940年、ソ連の支配下に入ると同盟は禁止され、弾圧を受けた。団員のうち80％が殺害されるか、シベリアの強制収容所に送られた。数千人が、ナチ・ドイツとソ連に対するレジスタンス運動に身を投じた。

1954年に米国のシカゴで亡命リトアニア人によって再建されたが、もちろんリトアニア国内では活動できなかった。活動を再開できたのは、ソ連からの独立運動が高揚した1989年9月20日である。

2500人が新規加盟

2階の部屋で、軍服を着た同盟司令官のギンタレス・コリーズナ中佐（43）に話を聞いた。経歴を聞くと、ドイツ軍の山岳部隊で訓練を受けた経験があり、アフガニスタンの治安維持活動に当たったNATOの「国際治安支援部隊（ISAF）」に3回派遣され、エストニアのタルトゥにあるバルト防衛大学の指導官を務めた。

流暢とは言えないが、きちんとした英語を話した。彼の発言によると「同盟」の歴史や現状は次のようだ。

「我々の組織は、チェコのソコル運動（ハプスブルク帝国の支配下で体の鍛錬と民族意識の高揚を通じてチェコ民族再生を目指した運動）を模範に設立された。強い体に強い精神が宿るという考え方があった。当時同じような運動がヨーロッパの多くの国にあった。

リトアニアは何百年もロシアに支配されていたので、1918年に独立した際、自国のルーツ、文化を見つけねばならず、発足したばかりのリトアニア軍を誰かが支援しなければならなかった。こうした役割を担ったのが同盟だった。1937年には、国防相の指揮下に入った。

ライフル銃兵同盟の英雄の肖像画の前で語るコリーズナ司令官

現在の同盟も国防省の管轄下にあり、司令官は国防相が推薦し、幹部会で決定される。参加者は皆民間人だが、現役の軍人や警察官など20人が軍事訓練などの指導に当たっている。

今の同盟には三つの側面がある。まず、パラミリタリー（準軍事組織）としての側面。軍隊と同じ組織形態で、全国10の郡に支部があり、それぞれ中隊に分かれる。狙撃訓練、信号、救急医療の各コースで訓練する。さらに、1年に1回、森の中や市街地などで、戦争や危機に備えた包括的な訓練を行う。戦争、危機の際は軍の一部となる。

第二に文化、スポーツ組織としての側面。リトアニア文化、歴史を学び、愛国心を育成し、コスモポリタン的世界でどう自分を見失わないようにするか、教育する。

第三に青年組織。11〜18歳の青少年が加入する

『青年ライフル銃兵』という組織がある。リトアニアのルーツを教育し、指導者を養成する。ただ、100%軍事に特化するわけではない。内務省、警察、消防と協力して公共の安全の訓練も行う。9月1日、学校が始業するときは、通学路に立って生徒を導くなどの貢献も行っている」

最も気になるのは、2014年のウクライナ危機以降、どのような変化があったか、という点だ。

「危機の前、同盟は青年と退役軍人の組織といわれていた。中間の年齢層は数百人しかいないのが弱点だった。危機から今まで2500人以上が新規に加盟し、全体で1万1000人になったが、驚くべきことにほとんどが20～50代だった。今では中間の年齢層の隊員は数千人に達している。コンピューター専門家、医者、料理人、運転手などの職業の人間が加わった。軍が必要とするとき、こうした人々を活用できる。ウクライナに対するロシアの行動は間違いだった。というのは今、リトアニア社会に軍、同盟を支持する熱気が生まれているからだ」

私は、「リトアニアは小国であり、大国ロシアには軍事的にとうていかなわない。国防意識を高めることにどれほど意味があるのか」という不躾《ぶしつけ》な質問もしてみた。コリーズナの答えは次のようだった。

「まず、リトアニア社会全体が侵略者に対して戦う意思があること、独立を維持するために多くの一般市民が生命を犠牲にする用意があることを示すのが重要だ。我々は孤立していない。ただ、NATO軍が応援に来るまでには時間が必要だ。その時間を稼がねばならない。抵抗運動をリトアニア全体で組織する。そうすればNATOは我々を支援し独立リトアニアを守るだろう。NATO軍はリトアニア駐留を開始した。それは一つの保障だ。少ない数ではあるが、実際に目に見える措置がなされた。

強くリベラルな経済、もっとよい軍隊、同盟国の支援が必要だ。防衛に関して言えば毎日努力している。これに意味があるかないかを問うことは無意味だ。隣国の指導者の頭の中に入るわけにはいかない。2012年にいったん廃止された徴兵制を復活した。もっとも多数が志願してくるので、今のところ徴兵する必要はないが。

我々は100%同盟国を信頼している。最初がリトアニアであれば、2番目はポーランド、そしてドイツとなる。もしロシアがバルト諸国に侵攻するのを見れば、これが最初のステップで、次は西ヨーロッパに侵攻すると思うだろう。

トランプ政権の米国に対してもまったく疑念を持っていない。トランプ政権からは政権交代の最初の日から、どんな場合でも支援する、米国の路線は変わらないとの確約を得ている」

最後に彼のロシアに対する認識を聞いた。

「ロシアが変わるかと聞かれれば、短期的には変わらないだろう。全ての国が独自の発展のサイクルと、国益を持つ。ロシアは時々、非常に帝国主義的な関心を持ってきた。我々はロシアと対等な基礎の上に話さねばならない。それが唯一のよい隣人となるための条件だ」

徴兵制復活を急ぐ近隣国

国際会議出席のために出張中で直接会えなかったが、ヴィリニュス大学国際関係政治学研究所の准教授マルガリータ・シェシェルギーテ（40）に、ホテルから電話をして30分ほど話を聞いた。民間（郷土）防衛組織に関する彼女の説明は、より理論的で興味深かった。

「今の国際情勢で国家が生き残るためには、社会の強い関与が必要である。復元力(resilience)を確かにするためだ。通常の脅威だけでなく、非正規でハイブリッドな脅威に対抗するためでもある。復元力は社会の様々なレベルで考えられる。まず、安全保障状況に関する人々の知識や関心、つまり潜在的脅威を認識する用意があるかどうか、社会に反応するだけの能力があるかどうかだ。

全ての国民がそういう能力を持つわけではない。武器の使い方を知らない。従ってライフル銃兵同盟は、国防軍と一般社会を結びつける存在として非常に重要だ。セミナーを開き、子供に対し働きかけ、愛国心を養う。また社会的に問題のある階層出身の子供は、犯罪に手を染めるよりも、ここで読み書きの能力を養い、よい市民になるために教育を受ける。国を愛するよい手本に接することができる。

同盟に関しては国民の支持があるが、とりわけエリートには評判がいい。2014年から参加者は2倍、3倍になった。組織に貢献することが名誉となった。有名な実業家、政治家、弁護士、学者が組織に加わった」

リトアニアがとった政策には、2015年の徴兵制復活もある。この点について、詳細に聞く機会はなかったのだが、リトアニア国防省のホームページによると、議会は19〜26歳の男女3500〜4000人に毎年9か月の兵役を課すことを決めた。志願して兵役に就くこともできる。徴兵制を導入して以降も、兵役に就く若者の大半が志願兵という。

冷戦崩壊後、ヨーロッパ諸国では徴兵制廃止や停止が続いた。1995年にベルギーが廃止したのを始め、2001年にはフランス、2011年にはドイツが事実上の廃止をした。東ヨーロッパでもポーランドが2009年、リトアニアは2012年に廃止した。

東西緊張緩和で大規模な軍隊が必要なくなったことが一つの背景だが、軍隊の装備や活動が高度化し、訓練を積んだ兵士でないと役に立たなくなった状況もある。徴兵制で集められ、せいぜい2年間の訓練を積んだ兵士ではむしろ足手まといで、専門集団としての軍隊が求められるようになった。

これがロシアの東部ウクライナ侵攻を受けて反転した。今、リトアニアだけでなく、ヨーロッパのいくつかの国で徴兵制が復活している。

スウェーデンは2010年に廃止した徴兵制を、2017年に復活した。2018、2019年に4000人を徴兵し、9～12か月の訓練を義務づける方針という。

フランスもマクロン大統領が2018年6月、16歳の男女全員を対象に1か月、軍、警察で訓練を受けたり、慈善団体で奉仕活動をすることを義務化する方針を公表した。

スウェーデンは中立政策を安全保障政策の柱にしてきたが、NATOへの加盟を求める意見もある。フィンランドでもNATO加盟が最近、議論されている。

国民意識を支えるジェノサイド犠牲者博物館

コリーズナやシェシェルギーテの話を聞いていると、リトアニア人はこれほどまで危機意識を持っているのか、と驚かされる。それは国の歴史を共有した者でないと実感として得ることは難しいのだろう。

コリーズナへのインタビューを終え、かなり激しく降る雨の中、歩いて5分程度の「ジェノサイド犠牲者博物館」に向かった。

ソ連時代の秘密警察である国家保安委員会（KGB）の本部だった建物を、ソ連からの独立後、改装し、1992年10月に博物館として開館した。もともと、ロシア帝政時代の20世紀の初めに裁判所として建てられた立派な石造りの建物である。

受付で入場料を払い、地下に下りていくと、KGB時代の地下牢《ちかろう》が保存されている。独房は狭く殺伐としていて、覗くだけで息苦しくなる。

1、2階は1940年にソ連の侵攻を受け、ナチ・ドイツの短い支配を挟んで、1991年のソ連軍による独立運動弾圧に至るまでの、苦難の現代史を辿る展示である。熱心に見て回る若いリトアニア人男女や、流暢な英語のガイドの説明を受ける米国からの一団など、平日の昼前だが20～30人の見学者がいてちょっと驚いた。

展示によると、ソ連支配下で、30万人以上が逮捕されたり、シベリアなどに追放になった。2万～2万5000人が殺害され、2万8000人が追放先で死亡した。一方ナチ支配下で、ユダヤ人20万人を含む24万人が殺害された。

展示は、ナチ・ドイツ支配に関するものもあるが、圧倒的な比重は過酷なソ連支配にある。ソ連共産党のプロパガンダパンフレットやポスター、シベリアの強制収容所での生活を物語る食器、家族への手紙、犠牲者の写真などが展示されている。小国が被った悲劇に戦慄する。

もう一つ強調されているのが、リトアニア人による抵抗の歴史である。1944年にソ連が

ソ連時代の雰囲気が薄くなり、垢抜けてきたヴィリニュス市内

ジェノサイド犠牲者博物館の展示を見る人々

ドイツ軍を追い、再びリトアニアを占領してから1953年まで、リトアニア人は森を拠点に「森の兄弟」と呼ばれるパルチザン運動を続けた。

そして展示の最後に、独立運動に対するソ連による弾圧事件が扱われている。

ポーランド、エストニア、ラトビアの首都にも同様の歴史博物館が存在する。ワルシャワには「ワルシャワ蜂起博物館」、タリンには「占領と、自由を求めた戦いの博物館」、リガには「占領博物館」がある。ナチ・ドイツ、ソ連による占領の歴史がテーマの博物館だが、圧倒的な比重はヴィリニュスと同様、ソ連支配の過酷さに置かれている。また、同時に抵抗運動の継続性、歴史的役割を強調している。

ソ連の暴力的性格を記憶にとどめることが、国家の団結、独立を維持する上で不可欠であり、民主化、独立の過程で、国家の正統性を歴史によって示す必要があったことが、こうした博物館建設の動機にあったと思われる。

ある国の行動を理解するためには、現在の軍事バランスや経済力を見るだけでは不十分である。歴史的経験の蓄積から形成されたその国民の価値観、国家としての振る舞い方の癖にまで理解を及ぼす必要がある。この地域に直接のつながりを持たない日本人としては、こうした博物館を訪ねるなどの努力を重ね、彼らのロシアに関するイメージなどを学んでいくほかはあるまい。

「安保は自動車保険ではない」

ヴィリニュスでは安全保障関係の3人の実務者、専門家に話を聞く手はずを整えていた。リトアニア外務省の部次長（NATOと安全保障問題担当）タダス・バリオニス（42）、前述したシェシェルギーテ、国防相のライムンダス・カロブリス（1968〜）である。

9月20日、空港から電車でヴィリニュス中央駅に到着し、最初に向かった先がリトアニア外務省だった。荷物はベルリンに置いてきたので、肩から掛けるカバン一つで、駅から市街を突っ切って歩いていった。道すがら建物に注意を払うと、レスボス島と同様、ヴィリニュスにもかなりの数のアール・ヌーボー様式の建物が残っていることに気づいた。

かなりの期間、平和が継続したヨーロッパが到達した第1次世界大戦前の文化の栄華が偲ばれるとともに、この時期、ヨーロッパ普遍の文化が成立しかけていたのではないか、という感想を抱く。中心はパリ、ロンドンだったが、そこからヨーロッパ辺境のギリシャ、バルト3国にも確実に同時代の文化様式の波が押し寄せていたことがうかがえる。

ソ連時代は閣僚評議会の建物だったリトアニア外務省

リトアニア外務省にはそれまで何回か、高官とのインタビューのために訪れたことがある。この建物はソ連時代のいかめしい、暗い雰囲気を漂わせている。1956年に建設され、リトアニア・ソビエト社会主義共和国の閣僚評議会の建物として使われていた。独立後、1991年から外務省の建物になった。

正面玄関から入ると、箱状の受付らしいものが右側にあるが、どういうわけか外から中の様子は見えないようになっている。そのまま入ろうとしたら、そこから「中に入るな」と人の声がした。よく見ると、身分証明書を提出するくらいの細い隙間が空いて、受付になっている。パスポートをそこから差し入れて用件を告げると、「ソファーのある隣のスペースで待て」と言われた。なぜ受付が外から中をうかがえないようになっているのか、わからない。社

リトアニア外務省のバリオニス

会主義時代の残滓《ざんし》だろうか。確かに、記憶に間違いがなければ、受付の様子は、20年前に最初に取材に来たときからまったく変わらない。

バリオニスはちょっと度の強いめがねをかけた知的な雰囲気をたたえた人だった。ＮＡＴＯ代表部公使などのキャリアがある。英語をよく話し、リトアニアの知的エリートの完全な世代交代を実感した。20年前のリトアニア外交官は、まだソ連システムで教育を受けた者が多く、振る舞いもどこか垢抜けなかった記憶がある。

私にはまだ、ロシア軍の戦車が列をなしてバルト３国を席巻するといった事態は想像しがたい。リトアニアにとってロシアの脅威とは何なのか、ストンと腑に落ちるような発言が聞けないだろうか。

「ロシアは本当に脅威なのか」という私の質問に対するバリオニスの回答は、次のようだった。

「ロシアが２０１４年にウクライナの一部を占領する、ウクライナやクリミアで戦闘を行うなどと想像できただろうか。そんな大規模な侵攻は第2次世界大戦後、誰も見たことがない。それは巨大な軍事介入であり、巨大な、巨大な（と繰り返した）領土奪取だった。

そんなことがリトアニアでも起こりうるかと問われれば、そうならないことを望む、と答えるしかない。しかし、安保問題は自動車保険とは違う。安保問題は事態が起こらないようにすることが必要だ。計量することはできない。2％死亡の確率がある、ということは容認できない。あらゆることをして、家族と友人の100％の無事を希求する。もし生存が不可能になるなら、元に戻すことはできない。ロシアは我が国の独立がロシアにとっての悲劇だった、と公然と言っている。起こると言って準備して間違いであるとわかった方が、起こらないだろうと言って実際に起こることよりよい」

ドイツは信用できるか

バリオニスにはもう一つ、聞きたい点があった。今後、安全保障面でもドイツの比重が大きくなるだろう。しかし、ドイツは十分に信頼できるのか。

というのは、ドイツは歴史的にしばしばロシアと手を結び、その間に位置するポーランド、バルト3国を互いの勢力圏として分割して支配した歴史がある。ドイツはいざというときに狭間《はざま》の国を見捨てるのではないか。

バリオニスは、ドイツに対する警戒心について次のように語った。

「我々は親ドイツだ。『親ドイツ』はあまり適切な表現ではないかもしれないが……。ドイツが英国のEU離脱後、一層主導権を取るのは理解できる。ドイツ軍のリトアニア駐屯はドイツの大きな変化だし、我々にとって非常に大きな取引だ。以前ならばあり得なかったがよいことだ。リトアニア、ドイツ、ヨーロッパ安全保障体制、それら全てが変化しており、全てが今、変化に適応している最中だ。ドイツに対する感情は肯定的だ。世論調査を見ればメルケルの人気は高い。我々のドイツ、スカンジナビア諸国の評価は肯定的だ」

リトアニアはソ連だけでなく、ナチ・ドイツにも占領され辛酸をなめた。なぜドイツに対する信頼は高いのか。

「ドイツは自分がやったことを認め、それを清算しようとしている。ロシアはそれをしない。リトアニアにとって、戦争を始めた二つの邪悪な国があった。ドイツとソ連、ヒトラーとスターリンだ。ドイツはヒトラーを清算したが、ロシアはスターリンとその遺産を清算していない。ドイツがヒトラーを祝うことはないが、スターリンはロシアで最も人気のある政治家の一人だ。非常に深刻な事態だ。プーチンはソ連の解体は前世紀で最大の地政的な悲劇だと言う。我々にとって最大の悲劇はソ連の一部になったことだ。我々は自由に戻っただけだが、そのことが大きな隣人にとっては問題というのだ」

ロシアが権威主義的体制に戻り、西側世界に敵対的になったのは、NATO東方拡大のため、という見方がある。ロシアの安全保障上の懸念にもっと配慮していたならば、東部ウクライナ侵攻も起こらなかっただろう、というのである。これに対してバリオニスは強く反発した。

「それは真剣に受け取るに値しない。リトアニアの自由、民主主義、選択の自由、自決権をどう考えているのか。もし我々に選択の自由がないというならば、(東ヨーロッパをドイツとソ連で分け合って占領することを約した) モロトフ・リッベントロップ秘密議定書 (前出) の世界に生きていることになる。線を引き、こちらが私のもの、そちらがあなたのもの、と言っているのと同じ。我々はヨーロッパになりたいと思い、西側と同じようになりたいと願った。それはロシアに敵対するものではない」

行動が予測できない隣人

前述の女性国際政治学者のシェシェルギーテも立派な英語を話し、いくつかの鋭い視点を示した。バリオニスに聞いたのと同じ「ロシアは本当に脅威なのか」という疑問に、彼女は次のように答えた。

「我々には厳しい歴史がある。時々非常に攻撃的に行動し、その行動が予測できない巨大な隣国がある。それが我々の安保意識に影響を与えてきた。安保意識の点でエリートと一般の社会の間に大きな差はない。

ドイツは第1次、第2次世界大戦で悲惨な体験の記憶を持っている。この経験が軍事に対する否定的な感情を生んでいる。リトアニアはまったく違う理解をしている。歴史に我々が学んだのは、強い軍隊を持たなければ、領土は分割され占領されるかもしれない、ということだ。ロシアのクリミア併合の事態に直面して、リトアニア軍に大きな支持が集まった。最近の調査では、軍は一番信頼を得ている社会の機構だ」

ドイツに関しては、シェシェルギーテも「信頼」を口にした。

「我々はドイツを信頼している。リトアニアへのドイツ軍派遣と、マリや（ドイツ軍の死者が50人以上出た）アフガニスタンへの派遣とは状況は違う。リトアニア駐留は集団防衛を定めたNATO条約第5条の話だ。軍を派遣する決断をしたのであれば第5条に拘束される。大きな危機に直面して、ドイツ社会で反対の声が強いという理由でドイツ軍が戦わないことは考えられない。誰がドイツ首相になっても疑いなく、この国に駐屯しているドイツ軍はリトアニア防衛に参加する。ドイツは一般的に厳格主義の国であり、もし機構への参加や国際的な取り決めに従うことを決めたのならば、まじめにやると信じる」

ただ、シェシェルギーテは、外交官であるバリオニスの見解よりも、やや突き放したような見方を示した。

「2008年のジョージア紛争の後でさえ、東西ヨーロッパではロシアに対してまったく違った認識があった。バルト3国はいつもロシアのことを話していた。我々が論じることはロシアへの恐れ、ロシアの拡張、ロシアの軍事化、ロシアの攻撃的レトリック、攻撃的外交の動き……。一方、ドイツはEUの中で最もロシアを支援する国だった。ヨーロッパの機構に組み入れれば最後にはロシアの民主化が実現できるだろう、と考えていた。

クリミア併合、とりわけマレーシア航空機撃墜事件以降は、西ヨーロッパの脅威認識は大きく変わった。メルケルはロシアをヨーロッパ、特にバルト3国にとって潜在的な脅威と見なすようになった。この変化がウェールズとNATOワルシャワ首脳会議での合意を可能とし、ドイツがリトアニアに軍を配備する道を開いた。

ただ、ロシアに対する脅威認識はドイツと我々とでは違う。国の大きさ、ロシアとの距離を念頭に置く必要がある。ロシアはドイツにとって、あくまでも100の脅威の中の一つだ。バルト3国にとっては生存の問題だ。ドイツのロシアへの対応は変化し我々の備えはよくなったが、脅威認識の違いはそれほど変わっていない」

ロシアはNATO全体の懸念

3人目の取材対象者である国防相のカロブリスには、9月22日午後1時30分からヴィリニュ

インタビューに答えるカロブリス国防相

ス旧市街の国防省で、インタビューを行う約束を取っていた。

早朝のルクラでのNATO軍取材を終えると、高速道路を飛ばしてヴィリニュスに戻り、ホテルをチェックアウトした足で、旧市街にある国防省へと向かった。国防省は、外務省とは打って変わって、白亜の壁と正面入口の円柱が印象的な由緒ある建物である。政府資料によると、建物の一部は17世紀後半までさかのぼる、歴史主義様式という。

カロブリスは2016年12月、国防相に就任した。経歴を見ると、ずっと外交官として職歴を積んだ人である。EU代表部大使や外務次官を経て現職となった。

1時間ほど、話を聞いた。全部を紹介することはできないし意味もないので、2点だけ引用したい。

一つはロシア軍による演習「ザーパド」の実態である。カロブリスは言う。

「演習期間中、ロシア軍のヘリコプターが2分間、国境侵犯した。偶然ではなく、我々の能力

リトアニア国防省の建物

をテストするためだった。ザーパドの問題は、ウィーン条約を尊重していないことだ。条約によれば、参加兵力や演習のシナリオを通知しなければならないが、演習前に通知されたテロリズム対応の演習ではなく、通常兵力の演習だった。

すでに演習前に24～48時間でバルト諸国に兵力を展開できる能力があったが、ザーパドによりその能力が向上した。演習はNATOに対し、ロシア軍の力や能力を示す攻撃的な性格を持つ。米空軍は偵察活動を行い、米海軍は艦艇2隻をバルト海に派遣した。我が軍の即応部隊は1時間以内に兵力を展開できるように待機状態をとった。ロシア軍を抑止する役割は果たした」

オランダ人副司令官ポットハウジンよりも、厳しい見方をしているのは、立場の違いよりも、ロシアへの脅威認識に関する西ヨーロッパ人との違いなのだろう。

NATO軍のリトアニア駐留に関しては、次のように語ってその意義を強調した。

「ザーパドによかった点があるとすれば、ロシアがNATO全体の懸念であることを、NATOが理解した最初のケースだったこと。確かにリトアニアのNATO軍は限られた兵力だが、命令系統について言えば、NATO軍はリトアニア軍の一部として行動すると宣言している。しかし、NATO軍の存在は第一に抑止の役割であり、ロシアの攻撃が、リトアニアに対してだけでなく、ベルリン（ドイツ）、ハーグ（オランダ）、ルクセンブルク、ブリュッセル（ベルギー）に対する攻撃を意味することをはっきりと示すことにある」

このようにNATOの存在は、リトアニアの政治エリートたちに、一定の安心感を生んでいる。そこで問われるのは、リトアニア自身の国防への取り組みであり、それはNATOの関与を引き出すことと表裏一体の関係にある。この点をリトアニアの政治エリートもよく自覚し、迷いはないようである。

ただ、小国にありがちではあるが、主に経済的理由で、国に見切りをつけて英国をはじめ西ヨーロッパに移住する人も多い。人口減は長期的な傾向で、1992年に370万人だったのがピークで、2016年には22％減の288万人にまでなった。

リトアニアでは親ロシア派や平和主義者の立場が成り立つ余地はほとんどないと思われるが、小国故の国家に対する斜に構えた姿勢、シニカルなところもあるかもしれない。国を離れる国民が多いという現状が、ことさら愛国主義を強調しなければならない事情の一つになっているのだろう。

ドイツから見るヨーロッパ安保

ドイツの視点からリトアニアの安保状況はどう見えるのか。

ドイツ・ベルリンにある政府系の「学術政治財団（国際安全保障研究所）＝SWP」シニアフェローのマルクス・カイム（49）は、ドイツにおける安全保障研究の第一人者の一人だ。たびたび来日しており、東京でのシンポジウムで知り合ったので、メールで都合を聞き、2017年9月15日に研究所の近くにあるカフェで話を聞いた。

簡にして要を得た分析は本質を突いているが、リトアニアの当事者との間の認識のずれもある。その点も興味深い。

「ポーランド、バルト3国へのロシアの攻撃は考えられるのか」という私の質問に対し、カイムはこう答えた。

「軍事的能力と、それを投入する政治的意思は区別しなければならない。ロシアの軍事的能力

学術政治財団シニアフェローのカイム

については、60日以内にタリンとリガを占領することができるし、NATOにそれに対抗する能力はない。問題はそれをしてロシアにとって得るところがあるか、ということだ。ロシアがこれまで（ジョージアやウクライナといった）NATO非加盟国と戦争をしてきたのは偶然ではない。（NATO加盟国である）バルト3国を占領することは、まったく違う性質のものだ。それはNATOにとって開戦理由になり得る。それがプーチンにとって利益になるとは思えない。

もしバルト3国で話を聞けば、ロシアの軍事攻撃が本当にあり得ると見るバルト3国の政治家や評論家は少ない。彼らは領土の一体性が侵されるよりも、政治的主権を侵されることを恐れている。政治的な行動の余地が制限されかねないことを心配している。ハイブリッドな戦争遂行の方が一層危険になっている。大規模な軍事的行動はむしろ過去の遺物だ。例えば、ドイツ軍がリトアニアに駐留するとすぐに、ロシアメディアが『ドイツ兵がリトアニアの少女を強姦した』と報道したが、それは真実ではなかった。これは教科書通りのハイブリッド戦争のやり方だ。従って、ロシアの演習に対するNATOの対応は正しかったと考える。事態の推移を静かに見守り、演習を同盟国に対する直接の脅威とは見なさなかった」

ロシアの軍事的な脅威が、切迫したものでないとしたら、NATOの駐留はどんな意味があるのか。

「拡大前方プレゼンス戦隊（前出）は（通過しようとする者をつまずかせるため地上すれすれに張った）『障害針金』（ドイツ語でStolperdraht）の機能を果たす。この戦隊の規模ではそもそも、ロシア軍を食い止めることはできない。むしろ、この戦隊の駐屯によって、ポーランド、バルト3国の安全を、西側同盟国の安全とつなぎ止めることの方が重要だ」

つまり、カロブリス国防相が言った、リトアニアへの攻撃はすなわちNATOへの攻撃、という考えと同じだ。リトアニアを攻撃すれば、そこに駐屯しているNATO軍という「障害針金」に引っかかり、それは自動的にNATO条約第5条の発動に至る、という考え方である。

カイムは続けた。「駐屯は正しいシグナルだ。これらの国は支援、いわば再保険のシグナルを求めていた。同時に、NATOはローテーションであると強調することによって、これらの国にNATO軍の常駐は行わないと定めた1997年のNATO―ロシア基本文書の原則を守り、ロシアに対して対決のシグナルを出さないように努めた。NATOはうまく問題を解決したと思う。ドイツは長年、国際社会の責任を負うと言いながら、少ししか実行しないと非難を受けてきた。しかし、今や軍派遣を行ったことで、NATOとの連帯を支持するとの明確な表明を行った」

もう一つ気になっていたのは、ドイツ世論の変化である。アフガニスタンのISAFに参加したドイツ軍は、タリバンからの攻撃、事故などで50人以上の死者を出した。その経験からドイツ国民の国外での軍事活動に対する姿勢は、消極的になっているのではないか。カイムはそうした平和維持活動への参加と、リトアニア駐屯とは性格が違うと言う。

「リトアニア駐屯は戦うための派遣、危機管理ではなく、『政治的』駐屯と言うべきものだ。(戦闘に参加する可能性は低いため)世論の反発は少ない。付け加えるならば、多くのドイツ国民はリトアニアに軍を送ったことを知らない。アフガニスタンでの活動が世論の注目を浴びたのとは比較にならない。

さらに、過去5年間、多くの人々はロシア政治を懸念して見てきた。ロシアと軍事的衝突を望む人はいない。しかし、5年前に比べて、ドイツ軍のリトアニア派遣は容易に正当化できる。もちろん、ロシア軍のリトアニア攻撃の可能性を完全に排除はできない。万一そうした攻撃があれば、ヨーロッパ全体の紛争となる。リトアニア配備の450人のドイツ軍兵士については、それ以上の大きな問題に直面するので、懸念の対象となることはほとんどなくなるだろう。アフガニスタンとは違いドイツの国土防衛の話になる。国民はその違いはよくわかっている」

最後にカイムが話したのは、ドイツの安保問題における歴史の重みとその変化である。「ナチ時代の影は非常に長い（戦後ドイツに長く、大きな影響を与えている）。それが軍事的な行動への反感に決定的な意味を持っている。そこには伝統的な反軍主義に、幾分か反米主義も加わっている。ただ、それは、もしかすると世代の問題かもしれない。60代の政治家は（ナチの過去が）まだDNAに書き込まれているが、（これからの世代は）平和主義は残るが、それがナチの過去から導き出されることはもうなくなるかもしれない」

団結にほころび

とりあえず、ポーランド、バルト3国の安全保障上の懸念に対しては、NATOは回答を用意した。これら4か国も今までにNATOが取った措置を素直に評価している。

ただ、ロシアが自由で民主的な体制に向けて、変化したわけではもちろんない。周辺国を軍事的に侵攻する能力は十分備えているし、ロシア内外の情勢が急変すれば、その勢力圏的発想から、周辺国に侵攻する意思を抱くこともあり得る。

そして、ロシアが国際法を無視してクリミア、東部ウクライナを自国領や、勢力圏に組み込み、既成事実化が進行していることを誰も止めることができない。

ロシアに対する制裁解除を緩和する新たな条件は生まれていないが、制裁による経済的な負の影響をそろそろやめにしたい、というヨーロッパ各国の産業界の不満も広がっている。実際、ドイツとロシアの間の貿易量は、2014年から2年間で約30％減となっている。制裁は効果があると見ることもできるが、貿易量が減ってもロシアは姿勢を改める気配がないのだから、制裁は無意味という議論にもなる。

イタリア、オーストリア、ハンガリーは制裁解除に前向きだし、ドイツ国内でも連立与党内に制裁解除論もくすぶっている。2018年6月に発足したイタリアのジュゼッペ・コンテ政権は制裁見直しを公言した。

これまで見てきたように、リトアニア人と、オランダやドイツ人の間には、ロシアからの脅威に関して認識に差があることは否定しがたい。リトアニアとしては、ヨーロッパ諸国の関与をつなぎ止め、自国の安全保障を確かなものにするには、ロシアの脅威を声高に外に向かって訴えねばならない切羽詰まった必要もあるのだろう。

第Ⅱ部 右傾化と分断

内在化する脅威

第1章　難民受け入れの現場から

第Ⅰ部で見たヨーロッパが直面する外からの脅威が、ヨーロッパでどのように内在化し、危機を生んでいくか。とりわけ、深く長い変化をもたらすと思われるのが、難民危機である。ほとんどの難民の行き先となったドイツでは、社会的、政治的な激震が起こった。

多様化したベルリンの外国人

ミュンヘン経由でベルリンのテーゲル国際空港に降り立ったのは2017年9月7日昼前だった。ベルリン特派員時代、よく利用した空港から市内に向かうバスに今回も乗り込み市内へ向かった。

日本に帰任して、4年半の歳月が経過したのだが、その間に2015年夏から秋にかけての多数の難民受け入れがあった。

ベルリンにはトルコ系住民が多かったが、今回、ベルリンにやってくると、私が住んでいた頃に比べ、外国人の幅が広がったのではないか、という印象を受けた。数もさることながら、外国人が多様化したのである。

かつてはベルリンではさほど目にすることがなかったアフリカ系の黒人、さらに服装や振る舞い方がトルコ系とは違うアラブ系の若者、アフガニスタン人と思われる一見東洋風の顔立ちで褐色の肌の人々などが目につくようになった。

日本を出立する前に、難民受け入れの関連機関に取材の申し込みをしておいた。そのうち、連邦（国）の機関である「連邦移民・難民庁」（ＢＡＭＦ）ベルリン支所からは、取材拒否の連絡が来た。ただ、ベルリン市（ベルリンはドイツ語で Land Berlin でありベルリン州と訳せるが、ハンブルク市、ブレーメン市と同様、州と同格の市と見るのが実態に合っているので、ここでもベルリン市と表現する）にも難民を扱う「ベルリン市難民事案局（ＬＡＦ）」（以下「難民事案局」）があり、そこでの取材の約束は取ることができた。

このベルリン市の機関は２０１６年８月１日に発足した。ベルリン市の行政機関としては、一番新しいという。私自身は、国の移民・難民庁と何が違うのか、予備知識のないままの取材だった（ここで庁も局もドイツ語では同じ Amt なのだが、国の機関の Amt は庁、州〔市〕の

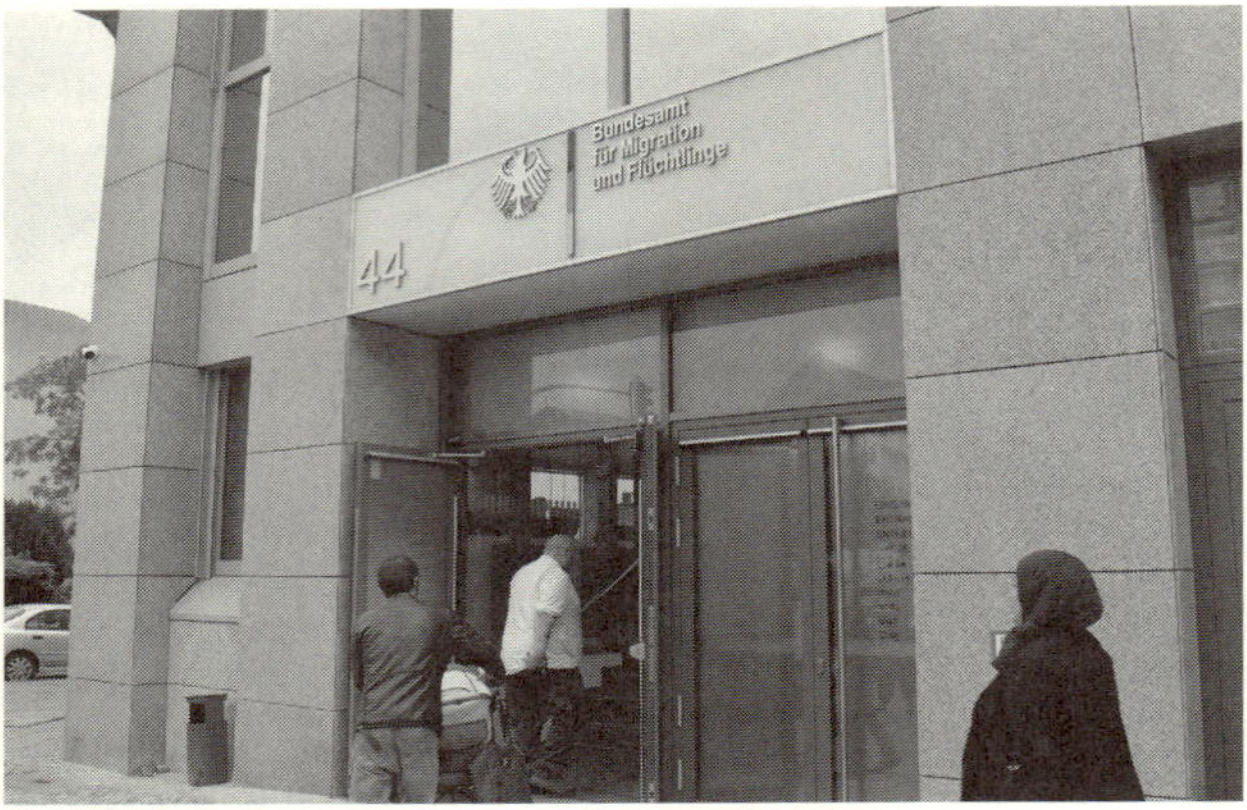

連邦移民・難民庁ベルリン支所の入口

Amt は局と訳す）。

ブンデスアレー（アレーはドイツ語で並木通り）１７１番地にあるベルリン市の難民事案局に、２０１７年９月８日朝、ホテルから地下鉄に乗って向かった。地下鉄Ｕ７線の「ベルリン通り駅」を降りて、ブンデスアレーを歩いていくと、数分のところに国の移民・難民庁のベルリン支所があった。

ここは２０１５年夏の難民危機の後、新設されたので、看板はまだ真新しかった。難民危機に直面したベルリンで、新しい移民・難民庁の事務所が開設された、という話は聞いていたが、ここのことだったのか、と思い当たり見ていると、大きなスーツケースを持った中東系と見られる男性や、スカーフをかぶった女性らが出入りしていた。

そこを過ぎて交差点を渡り、反対側をまた数分歩いていくと、難民事案局があった。街路の1ブロックの端から端まであるような、3階建てのかなり大きな建物だった。1960年代か70年代特有の、くすんだ灰色のコンクリートがむき出しになった古びた建築。後で聞けば、「ベルリン貯蓄銀行」だったが、移転したため空き物件になっていたのを、難民危機を受けて急遽《きゅうきょ》、市が借り受けたとのことだった。

どこが入口か判然としなかったが、何人かの中東系の男たちが佇んでいる間を通り抜けドアを開けると、ガラス板に遮られた受付があった。そこでパスポートを提出し、広報担当者と予約がある旨を告げた。

中にいた男はやはり中東系である。彼がどこかに電話をするのだが、らちがあかない。難民登録の部屋で落ち合うことになっている、と話すと、受付の外にいた、やはり中東系の若者が私を難民登録の部屋へと案内した。話を聞くと彼はパレスチナ出身で、20年前、幼いときにドイツにやってきたという。

おそらく、受付と、その周りにいた男たちは皆、パレスチナ人だったのだ。難民にシリア、イラク人が多いことを見越して、アラビア語ができる彼らが雇用されたのだろう。ただ、彼らの振る舞いは、ドイツ人らしくない。受付などにいる、融通は利かないが規則に忠実なドイツ人の振る舞いではなく、どこか弛緩《しかん》した感じがする。中東がそのままドイツに引っ越してきたような雰囲気である。

ドイツにやってくる、あるいは居住している外国人が増えるほど、官僚機構にも、そうした人々に対応できる言語能力を持つ人材が必要とされる。すでに移民としてドイツに定住している先輩格に当たる人々が、最も手っ取り早い人材である。警察官にトルコ系を積極的に採用していることは、私がドイツにいた間にすでにドイツメディアも報じていた。

ドイツの行政組織のいくつかの場所で、「役所の異国化」とでもいった事態が起きているのではないだろうか。

今回のベルリンでの取材では、些細《ささい》な例で書くのもはばかられるくらいだが、こんな経験もした。タクシーを拾ったら運転手はイラン系だったが、「途中で病院に寄って薬を受け取りたい。5分くらいだから」と言う。「いやだな」と思ったが、角が立つのも剣呑《けんのん》だし同意した。やはり病院の駐車場で10分以上待つ羽目になった。そもそもドイツ人の運転手ならばこんな公私混同はあり得ないだろう。

突飛な想像ではあるが、こうしたミクロの世界の変化がやがて、一つの文明が別の文明に変質していくことにつながるのではないか、という気がする。古代ローマ帝国がゲルマン民族によって滅ぼされた過程も、一朝一夕に起こったことではなかった。長い接触と対立の歴史があり、ローマの軍隊はほとんどゲルマン人によって構成されるようになっていた前史がある（弓削達『ローマはなぜ滅んだか』〈講談社、1989年〉）。

冬に暖を求めて――バルカンからの「貧困難民」

しばらく、難民登録の部屋でこのパレスチナ人の若者と立ち話をしながら、広報担当者が現れるのを待った。体育館ほどある広い部屋にベンチが並べられ、傍らに数か所、受付が並んでいて、難民たちが列を作っている。

ベンチには、数十人の登録者が順番を待って腰掛けているが、ベンチをぎっしり埋める、というほどではない。顔立ち、肌の色も様々で、スカーフをかぶった女性が走り回る子供たちをしかりつけている姿もあったが、東ヨーロッパから来たと見られる男女が多いように思われた。私は1999年、コソボ紛争の際にバルカン諸国で取材したことがあるので、その地域の人の感じは何となくわかる。

ほどなくして、40代と思われる広報担当のザーシャ・ランゲンバッハがやってきた。挨拶もそこそこに、登録の部屋を見回して彼女が最初に言ったのは、東ヨーロッパからの「貧困難民」の増加だった。

「今日（金曜日）はたくさんの人が来ている。先週は1日当たり平均20〜30人だったが、昨日は150人に増えた。東ヨーロッパに寒い季節がやってきたからだ。彼らは、ドイツの宿泊所で一冬過ごすためにやってくるアルバニア、モルドバ、セルビアからの『貧困難民』だ。ロマ人（ジプシー）も多い。これらの国はすでに（難民を生む条件はない）『安全な国』に指定されている。難民として認定されるのは1％以下。

彼らは申請をしても却下されることは知っている。それでも直行バスでベルリンにやってくる。却下されるまで、少なくとも一冬を暖房の利いた施設で過ごすことができ、月130ユーロの『小遣い』が支給される。彼らの母国ではほとんど月収に相当する額だ。却下に対して異議を申し立て、滞在を延ばすこともできる」

そして、彼女は施設内を一巡しながら、てきぱきと難民事案局の役割と仕組み、現状について説明した。彼女の話をまとめると次のようになる。

「偶然にも今日で、この施設が設置されてちょうど1周年。簡単な式典を今日の午後、職員だけで行う。

ベルリン市の難民施設は3か所あり、それぞれ宿泊、登録、給付を受け持っている。

一つめが元テンペルホーフ空港の格納庫。難民申請を希望してベルリンにやってきた人々の最初の緊急収容施設となっている。そこで医療的な手当てを受け、翌朝シャトルバスでここに来る。最も多いときは2500人が収容された。現在200人しか収容されていないが、再び難民が押し寄せても2500人の収容能力がある。

二つめがここ。登録を行う施設。登録が終われば難民はもうここには来ない。

三つめが市内のダーウィン通りにある給付施設。

ただこれらの市による一連の手続きは、難民申請とは別のものだ。難民申請手続きは、この建物の斜《はす》向かいにある連邦移民・難民庁で行う。

なぜ3か所に分けたのか。それは再び流入数が増えた場合に備えるためだ。

最初は『針の穴』状態で、全てが1か所にあって人々を宿泊させる能力もなかった。登録と給付を分けるのは、登録を秩序だって行うため。移民・難民庁で難民申請を審査している間、子供が生まれたとか引っ越したとかという事情に対応して、給付を変更しなければならない。登録のために来る人と、給付手続きのために来る人が交じると混乱する」

ランゲンバッハが言うように、ベルリン市によるこの手続きは難民申請とは別の流れである。彼女によると、各州（市）の義務は、人々が難民申請をしている間の宿泊と給付、ということだった。

彼女は登録後の手続きについて説明を続けた。

「この建物には移民・難民庁の『直接手続き』を行う支所と、連邦雇用庁が併設されている。直接手続きとは、『安全な国』の人々の難民申請を、迅速に却下するための処理のことだ。貧困が理由ではなく、反体制派だったり、宗教的迫害を受けたことが逃れてきた理由であることを証明する書類を提出できない限り、2週間で決定が下され、ほとんどが送還となる。証明する書類を提出できれば、直接手続きを外れ、正規の難民手続きに入る可能性がある。

他方、シリア人やイラク人など難民認定される可能性の高い人は、到着後すぐに雇用庁とドイツ語コース、職業訓練など、今後の予定について話すことができる。

今回の難民に対してはこれまでとは違い、早期の同化(integration)を心がけている。ドイツ語や、ドイツの文化や価値を学ぶ『同化コース』を受講させ、この国に住むためには何が大切かを伝える。難民として認定されるかどうか長い時間待ってからではなく、アフガニスタン人のような、認定される可能性が半々の場合でも、早期に受講できるようにする」

ちなみにintegrationを「統合」、assimilationを「同化」と訳し分け、両者の違いを強調する議論があるが、程度問題と思われるので、ここではなじみのある訳語である「同化」で統一する。

テロ、犯罪対策がようやく整う

「登録は必要な書類を持っているかどうかによって、2～4日かかる。法律を犯していないかどうか、欧州刑事警察機構(ユーロポール)のデータに犯罪の前歴があるかどうかを照会する。登録を済ませると難民事案局が用意する『仮宿泊所』(ドイツ語でNotunterkunft)に移る。

東ドイツ時代の学校を使っているアルト・グリーニケ地区の仮宿泊所の入口

ここで3〜6か月、難民申請手続きをしながら、生活が保障され小遣いを受け取りながら過ごす。

　難民認定を受ければ住居を探すが、家賃が支払える物件を探すのは難しいので、難民事案局が用意する、『共同宿泊所』（ドイツ語でGemeinschaftsunterkunft）に移る。生徒の数が減少し廃校になった校舎や、数年前の行政改革で統合された区の役所が宿泊所として使われている。

　ドイツで登録したが、スカンジナビア諸国に行ってそこで登録しようとして発覚し、再びドイツに送還されてきたケースが多い。国境は開放されているから、モルドバ、マケドニア、セルビア、コソボなど東ヨーロッパからは直行バスで来る。アフリカからはイタリア経由で鉄道を使って来る」

ランゲンバッハと2階に上がり、各部署を見て回った。どこでも子供たちが大きな声を上げて走り回っている。

「ここは、最初の重要な手続きをする場所。登録者が安全な人間であるか、一体誰なのか身元（ドイツ語でIdentität、アイデンティティー）を確かめる。難民事案局職員が身元の確認を行うが、警察官や検察官も常駐している。

指紋、パスポート写真と照合して、身元を証明する書類や到着証明書（Ankunftsnachweis）を作成する。情報をデータバンクに回し、犯罪者やテロリストを発見するのに役立てる。

さらにドイツの他の場所で難民申請をした人間かどうか発見する。重複して登録した場合、給付の不正につながる。元の申請場所への送還、処罰などの処分を決める。このシステムは1年半前に動き出した。それまではなかった」

申請者の身元を確認する部署には、身体検査をする小部屋もあった。

「武器、危険物、宝石、現金、書類などを隠していることがある。自分で生計を立てる手段はない、という書類にサインをして給付を受けるのだが、もしカネを持っているのなら、それを使い切ってから援助を受ける。

宝石は没収され、それに見合う金額を補償される。ただ、ここに来るときにはどこかに保管しておけばいい。だから、それは象徴的な効果しかない。ドイツとしてカネを支払うのは、何も財産を持たない人にだけ、との姿勢を示すだけ」

次の部署は、登録者をどの施設に収容するかを決めるところだった。

「ドイツでは州（ベルリン、ハンブルク、ブレーメンの各市も含む）ごとの受け入れ割当数が決まっている。ベルリンは5％を受け入れねばならない。少ないようだが、面積が小さいので大変。ベルリンは2015年／5万5000人、16年／1万7000人、17年／5000人の計約8万人を受け入れた。ほとんどがまだベルリンにいる。ただ、常に5％の枠内にとどまっている。

多くが都市に住みたがるので、宿泊先を分配しなければならない。配分のシステムはEASY（ドイツ語でErstverteilung der Asylbegehrenden＝難民認定希望者の最初の配分）と呼ばれ、コンピューターによって自動的に配分される。自分で選ぶことはできない。当日か翌日には列車に乗ってその場所に向かう。

家族をばらばらにしないのが原則で、親、子供がいる場所に配分される。ただし、いとこはその限りではない。到着証明書で銀行口座が開設できる」

ランゲンバッハは以前、地元紙の新聞記者だったという。事情をよく知っているようなので、難民認定や送還の現状などについても聞いてみた。

「難民申請での事情聴取のやり方については、移民・難民庁に聞くべきだが、故郷に関する知識、方言を話すかどうかなどが判断の要素になる。多くの申請者が『自分は（ほぼ自動的に難民認定される）シリア人』と言うが、実際はエジプト人、チュニジア人だったりする。言語の専門家が判断できる。

送還も内務省と警察の仕事で、我々の仕事ではない。40％の難民がバルカン諸国から来ている。『貧困難民』は難民にはなり得ない。従って、『安全な国』からの難民はすぐに減少した。東ヨーロッパは比較的送還が容易だが、北アフリカは難しい。アフリカ諸国とはまったく送還協定を結んでいない」

ランゲンバッハの説明は、ドイツの難民政策を人道的にすばらしいと吹聴することもなく、淡々としたものだった。ドイツ語に、事実に即した、客観的な、私情を交えない、という意味のsachlich（ザッハリヒ）という言葉があるが、まさにsachlichな説明で好感の持てるものだった。現場で難民と日々直面しているドイツ人には、きれい事では済まされない多様な現実が見えていることもあるのだろう。

3日間で宿泊所を整備

登録を終えた難民が、難民認定か否かの結果を待っている間に滞在する「仮宿泊所」の一つを訪ねたのは、時間は前後するが、２０１７年9月7日午後である。

ベルリン中心部からSバーン（都市鉄道）に乗り、30分ほど南東方向に走るとアドラースホーフ駅に着く。アドラースホーフには、かつて東ドイツ科学アカデミーがあり、メルケル首相も東ドイツ時代、研究者としてここに勤めていた。今は大学や企業の研究機関が集まる研究学園都市となっている。ここに共同開発の拠点を設けている日本企業もある。

地図を頼りに研究施設が立ち並ぶ幹線道路を歩く。街頭の鉄柱などに貼られている立候補者のポスターが、連邦議会（下院）総選挙が近いことを知らせている。20分ほど歩いて運河に架かる橋を渡ると、自動車販売の店が並ぶ、どこか茫々《ぼうぼう》とした風景が待っていた。ここは旧東ベルリンのアルト・グリーニケ地区で、もうベルリンの外れに近い場所である。

東ドイツらしいなと思わせる建物が、教えられていた施設だった。

受付で、「事務局長のアンドレア・コッペルマンさんに予約（Termin）がある」と告げると、いかにも旧東ドイツのお兄さん、という感じの短い金髪の若者が「Termin?」と、なぜおまえが予約なんぞ取っているの？　とでも言いたげに、小馬鹿にしたような反応を見せる。

私をアフガニスタン人の難民と思ったのか、それとも「予約」をしてここを訪れる人間が少ないのだろうか。

案内に出てきたカトレーン・リントナーは30歳前後と思われる女性で肌の色がやや黒かった。

建設工事が進むアドラースホーフの中心街

おそらくドイツ人と黒人のハーフなのだろう。流暢なドイツ語で私を事務室に案内した。

コッペルマン（47）は会議中で、事務所のいすに腰を下ろし少し待つことになった。同じ部屋の向かいの机に座っていた女性が、後でわかったのだがシリア難民のヌール（29）だった。

会議が終わり、コッペルマンの部屋に導き入れられた。コッペルマン、リントナー、ヌール、そして教育問題で難民の相談役となっている、30歳前後と思われる女性のロマーナ・ユングも同席した。

難民の子供たちの遊び声が、ドア越しに時々聞こえる中で、コッペルマンが主に施設の状況を説明した。彼女が話したことをかいつまんで紹介すると以下の通りだ。時々、皮肉っぽく笑う人で、私はそこに人間味を感じた。

仮宿泊所の職員ら。右からコッペルマン、リントナー、ヌール、ユング

「2015年夏に本格的な難民流入が始まると、ベルリン市は難民が街路に寝るような事態を防ぐため、仮宿泊所の設置を急いだ。

私たちは社団法人『ベルリン住居プラットフォーム（Berliner Wohnplattform e.V.）』で、もともと身寄りのない老人に住居を提供する施設を経営していた。

難民危機に直面したベルリン市から仮宿泊所を委託され、東ドイツ時代は家具職人などを養成する『建築・木工技術職業学校』だったこの建物に目をつけた。建物はさほど荒れ果てておらず、教室、実験室、看板などがそのまま残っていた。ただ、3日以内に清掃し、200台のベッドを運び入れねばならなかった。大規模に改修する必要はなかったが、洗面所は長く使われていなかったので修繕し、コンテナのシャワー室を設置した。1日3回の食事、赤ん坊に必要なものや医療の提供の準備をした。1週間後には難民収容を始めた。難民が最も殺到した時期、数時間で準備しなければならなかった宿泊所も、ベルリン市にはあった」

棲み分けはダメという思想

コッペルマンは話を続けた。そして、棲《す》み分けはダメ、という考え方を述べる。

「『仮宿泊所』は3、4家族が一つの部屋に住む。一人で来た人は12〜13人で一つの部屋に住む。個室はない。手洗いは共同。

宿泊所によっては出身国が同じ人々が集まっているところもある。我々は200床と小規模なので、職員と難民の間、難民相互の関係も非常に近い。彼らは戦争や排外主義があるところから逃げてきた。だからここでは排外主義を許さない（笑）。排外主義を除去するように試みている。

我々はイラン人、イラク人、エリトリア人だろうと、誰であろうと歓迎だ。誰でも歓迎だから多くの人がドイツに来る。ドイツがリベラルな国であるという希望を持って多くの民族がやってきている。それ故、戦争をしていた相手の民族に対する排外主義は、戦場を離れれば忘れるべきだ。それが難しいことは知っている。

音がうるさい、午前3時まで電話をする、汚い、ゴミを下に持っていかない、といった理由で部屋替えを要求することは認められる。しかし、同じ部屋の人間が『間違った国』から来た、イラク人だからいやだ、という理由で替えることは認められない」

日本であれば、仮に同じような条件で難民を受け入れねばならないとしたら、違う民族、宗教の集団を同じ部屋に収容することは避けるだろう。それが、ほぼ確実にトラブルを生み出すことが予測できるからだ。実際、ドイツメディアも収容所内での違う民族、宗教集団間の暴力行為の頻発を報道している。

コッペルマンは、難民申請、就業などに関して説明を続けた。

「父親が仕事に行けないのは家族にとっても本人にとっても厳しいことだ。女性は料理ができない。これも女性にとってはつらい（笑）。子供はヨーロッパ的な生活様式を学ぶ。そのことで家族の形が変わることもある」

難民は仮宿泊所にとどまりながら、難民申請をし、その結果を待つ。

「ここから移民・難民庁に家族全員で行き、難民申請を行う。すると面接の予定が送られてくる。面接は1回だけ。難民認定されるかどうかが決まるまでに数か月かかる。

母国に帰る難民もいた。ここでは何もできない、ここでは誰も助けてくれない、戦地にいる家族が病気になったと言って。せいぜい5人くらいだが。

盲目、車いすの難民、トラウマを抱えた難民が、ベルリン全体で５０００人いる。トラウマのある難民は毎夜、起きて叫ぶので12人の人と同じ部屋には住めない。そうした特別例も考えて、難民事案局はどこが一番いいか配分する」

就労できたのはわずか10人

難民認定されれば、仮宿泊所を離れ「共同宿泊所」に移る。

「理論的には3〜5か月ここにいて、共同宿泊所に引っ越す。そこに住む資格があるのは、滞在許可を持つ人、つまり、『安全でない国』から来た難民認定された人か、出身国が戦争状態にあるため送還しない『補充的保護の地位』(subsidiary protection status)にある人だ。

仮宿泊所との違いは、共同宿泊所では家族は自分の部屋を持て、一人で来た人間は最大２人で一つの部屋に住む。仮宿泊所では一緒に食事をするが、共同宿泊所では部屋で料理できる。

仮宿泊所は人間的、社会的だが、緊張を強いられる。一人で料理できないのは苦痛だ。長所は他人と関わりを持つことができること。早く知り合い、助け合ったり子供の面倒を見たりすることができる。

ベルリンでは共同宿泊所は十分にない。従って多くの人が仮宿泊所に長く住むことになる。

ここでも1年〜1年半、一つの部屋に同じ3、4家族が住み続けるケースがたくさんある。最も長く生活した家族は2年間、住んだ。

自分の住居を得た家族は少ない。この2年間で知っている限りで10〜15家族にすぎない。今年（2017年）はベルリンで多くの共同宿泊所が建設された。3年間だけ使える『テンポホーム』と呼ばれるコンテナでできた宿泊所、そして、難民が去った後も、100年は使えるような鉄筋コンクリートのきちんとした建物も建設されている。

就労するにはまず難民認定を受ける必要がある。さらに『同化コース』を修了しなければならない。1年半から2年くらいかかる。これまで労働許可を得たのは、200人中、最大でも10人だろう」

就労できない背景には何があるのか。

「職人など求人があるにもかかわらず、例えば家具職人になるまで3年間の職業訓練期間が必要だ。母国では彼らのやり方、彼らの機械や安全基準で、20年、30年、家具職人として働いてきた誇り高き人々だ。しかし、どこかの見習いとして働かねばならない。彼らはそのように働くのは理解できない。なぜドイツでは、何十年もやってきたように働けないのか、と。彼らはここに来ればすぐ働けると思っていた。しかし、待たねばならない。とにかく待って、待って、待たねばならないことが理解できない。

職業を得た難民は、2年間で、200人の住人の中で約10人と少ない。難民の就労は今後、長いプロセスになる。

一人の難民は英文学を学んでいたが、社会福祉関係と通訳の仕事を得た。新しい職業訓練を受けるのは若い人間に限られる。40歳で新しいことを始めるのは非常に難しい。そして前提となるのは何をおいてもドイツ語能力。しかし、マスターするのは非常に難しい」

最後に、この種の施設と周辺住民との摩擦はないのか。

「この建物は、高速道路、工場、自動車販売店などに囲まれている。先日も近くの住民から『まだ宿泊所があったのか。わからなかった』と言われた。この施設に関しては、反対運動はなかった。

ベルリンでは体育館が転用された宿泊所もあり、冬期に体育ができない、という不満もあった。多くの人が難民を支援したが、スポーツ協会はトレーナーを一時的に解雇しなければならなかった。ベルリンでは支援の方が反対よりも多かった」

「シリアではなく、ドイツで生活を築きたい」

コッペルマンとのインタビューに同席していたシリア難民のヌールは、シリア内戦の激戦地だったホムス出身だった。

彼女は2015年11月にドイツにやってきた。父はかつて警察官だったが、2011年に革命（シリア騒乱）があったので、それ以降はもう働いていなかった、という。

ホムスの詳しい政治状況までは聞けなかった。ただ、アサド政府軍と反体制派の「自由戦士」の間で激しい戦闘が続いたので、おそらく政権側に属していた彼女の家族はホムスにとどまることが危険になったのだろう、と想像する。彼女の家族全員が海外に脱出している。

わずか2年しかドイツにいないのに、ドイツ語は相当上達していた。きちんとした英語も話し、英語の方がまだ話しやすいとのことだった。頭のよい女性だったが、ここまで優秀な人材はシリア難民全体の中でも例外的だろう。

彼女の言ったことをかいつまんで記すと次の通りだ。

「シリアで生活するのは不可能だった。まだ若くて多くのやりたいことがあるが、実現できない。危険な状態だったので逃げてきた。まずレバノン、そしてトルコに行き、そこからゴムボートでギリシャのレスボス島に渡り、飛行機でローマ経由でベルリンに来た。ゴムボートで海を渡るのは非常に危険だった。ただ、海は穏やかで、2時間で渡れたのは幸運だった。

ホムス大学では情報科学を学び、大学に残り、その分野で働いていた。月給は15ドル以下。シリアでは技術者だけが職場を得ることができる。公的な職業に就かないとよい給料はもらえない。

子供のときからたくさん英語を勉強した。ドイツでも相手が英語を話せば英語で話す。ただ、ドイツは私にとって子供のときから夢だった。ドイツは安全、自由があるし、ドイツのサッカーはいつも話題だった。

私はITプログラムの専門家として、ベルリンのスタートアップ企業（新興企業）ですでに働いている。ドイツ語学校にも行かねばならないので、ハーフタイムの仕事だが。

家族全員がシリアを離れた。2人の兄弟と父はドバイにいる。2人の姉妹、母はヘルシンキにいる。

一般的に言って難民を巡る状況は、フィンランドの方がドイツよりいい。難民数はドイツに比べて少ない。ドイツは難民認定までに時間がかかり複雑で、得られるのは『補充的保護の地位』だけかもしれない」

ドイツの難民政策をどう思うか、という質問に対しては口を濁した。

「自分の見方を話すことはできるが、それを話すべきではない、と思う。少なくともここで安全に生活できるチャンスを得たことにいつも感謝している。だからあまり批判しない。ドイツにとって、突然多くの人間が来たというまったく新しい状況であり、一度に処理するのは難しかった。多くの間違いがあったことは確かだが、誰が間違いなくできただろうか。近隣諸国やアラブ諸国でも我々を受け入れない国もある。従って、悪い面や否定的な側面はあるにせよ、それを指摘したくない」

　具体的なことを聞きそびれたのは、ここでもジャーナリスト失格だが、いろいろ不愉快な思いがあったことは想像がつく。それでも彼女はドイツで永住を希望するという。

「ドイツにずっといたい。ゼロから始めねばならないので、過去の生活と同程度の水準にまで到達するのは難しいし、時間がかかる。これまで過ごしてきた状況に疲れてしまったが、どこかに定住して自分の家と思いたいし、自分の人生を設計したい。我々の世代にとっては、シリアには未来はないと思う。自分の国を助けるチャンスがあれば喜んでしたいが、しかしそれは我々の世代ではなく、次の世代だろう。結婚して家庭を築くことは、私にとって優先順位が高くない。ここで生活を確立することが最優先だ」

「2017年2月にこの仮宿泊所を出て、会社から提供された住居に住んでいる。家族の何人かにはもう5年間会っていない。シリアでのように家族が1か所に住むのはもはや無理だろう。4年間、非常に苦しい状況だったので、シリアに対する郷愁は起きないが、人々との関係を失って悲しい。私は友人や家族が集まるような環境で育った。国全体に対して憐憫《れんびん》の情を抱く。紛争の政治的解決は可能だとしても、遅すぎた。（シリア大統領のバッシャール・）アサドがもう地位にとどまらないとしても、誰もが武器を持っており、多くの血が流された。報復の感情を忘れる長い時間が必要だ」

話し方は淡々としていたが、彼女の置かれた境遇、苦悩が伝わってきた。

子供も見張る必要性

インタビューが終わり、施設内を見て回ることができるか聞いた。コッペルマンは同意したが、2階の難民の居住空間は「私的空間であり、動物園ではないのだから立ち入れない。地階と1階の共用空間については、見て回ることは可能だが、難民を写真撮影することはダメ」とのことだった。

ユングが案内に立った。かつての教室を改装した食堂、保育室、妊婦の相談室、簡単な医務室などを回った。

テーブル・フットボール、卓球台などの遊具が備え付けられた地階の遊戯室では、20人くらいの難民の子供たちが遊んでいた。壁には子供たちが描いた絵が飾られていた。

「必ず、監視役の職員が一人、子供たちの遊びを見守っている。そうしないと危険」とユングは言った。子供の些細なけんかが、違う民族同士の争いに発展するといった事態を警戒しているのだろう。

食堂に数人の男たちが話し込んでいる姿が見えただけで、保育室にも医務室にも誰もいなかった。天気のよい昼下がりなので、難民の多くは外出しているのだろうか。子供の歓声だけが

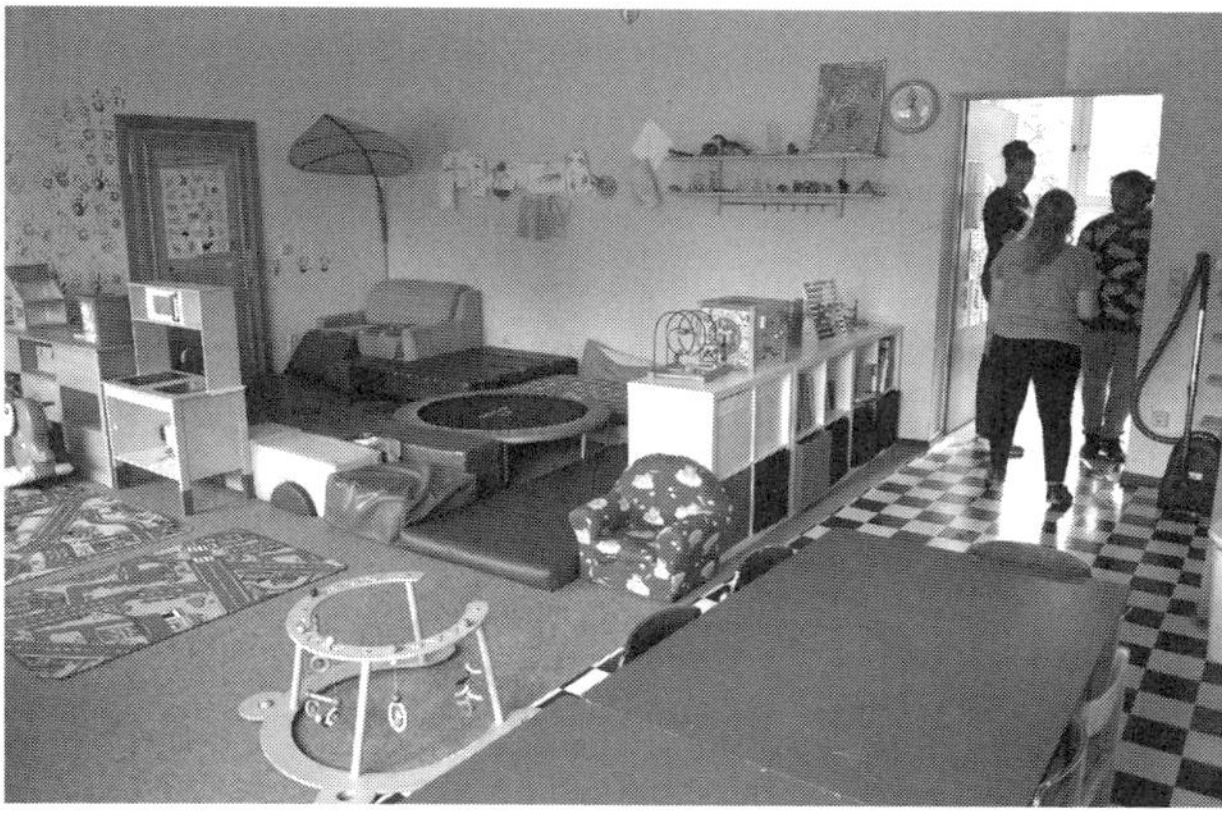

仮宿泊所の保育室

仮宿泊所の壁には難民の子供たちが描いた絵が飾られていた

時々建物に響いた。小中学校の頃、夏休みに学校に行ったときの、がらんとした校舎の雰囲気を思い出した。

繰り返しになるが、仮宿泊所を訪ねて、最も印象的だったのはコッペルマンの、民族、宗教の違う難民も同じ部屋に住まねばならない、という発言だった。この考え方の根底には、人間にとって民族、宗教、国籍あるいは性別、年齢の要素は非本質的であって、それらの要素を削ぎ落とした「本当の自分」として人間を考えねばならないし、社会はそうした抽象的な個人に還元される、という思想があるのだろう。しかもその「本当の自分」とは、理性的で寛容な、ヨーロッパ近代が形成した理念型としての個人が仮定されている。

一言で言えばリベラリズムの思想だが、この考え方はいろいろな政策に反映している。例えば、これまでも言及した「同化コース」がある。移民・難民にドイツ語を600単位（1単位=45分）、ドイツの憲法や、男女平等、宗教的寛容などの基本的価値を100単位、座学で教えるというものである。これを受講すれば、ドイツに移住する人々があまねく体現すべき価値を身につけられる、という前提である。しかし、それは常識で考えてあり得ない。

難民は一人で生きているわけではない。身近な家族があり、隣人関係があり、故郷がある。そこではドイツとは異質な原理で動いている世界がある。その紐帯《ちゅうたい》を完全に断ち切ることは不可能だし、おそらく望ましいことでもない。実際、交通、通信手段の発達もあり、移民・難民は出身国との関係を保つ傾向が強まっている。多くの難民が、結局は自分の生きる集団の価値とは異質な価値の受け入れを拒否するだろう。

「普遍的」な価値を体現した個人を前提として、共生や寛容の原理を押し通そうとするやり方が、むしろ人々の分断を招き、多くの人を不幸にするかもしれない、という発想はドイツの知識人には少ない。

ただ、コッペルマンはやはり現場の人であり、部屋替えも、騒音など日常生活のトラブルを理由にすれば可能、と言っているのだから、建前を保ちながら、融通の利く運用をしているようでもある。

コッペルマンが時々挟む皮肉な笑いが印象的だった。現実を知っているだけに、難民支援について意外と冷めた見方をしているようにも思えた。

私はこの施設を去り際に手洗いを借りた。手洗いはその都度カギを借りなければ中に入れないようになっていた。「こうしないととんでもないことが起きますから」とコッペルマンは言った。建前を語りながらも、いわば人間性悪説に基づいて宿泊所の運用をしているのだろう。現実主義でなければ宿泊所の運営などとてもできないに違いない。

年間20万人受け入れの上限設定

ヨーロッパの難民危機が人々の意識に上り始めたのは、北アフリカから地中海を船で渡る難民船の急増である。地中海を渡る難民数は、年間5万人程度で推移していたが、2013年から増え始め、難民船の沈没事故がしばしば報じられるようになった。

2015年夏以降は、第Ⅰ部で述べた、いわゆるバルカンルートで欧州連合（EU）諸国を目指す難民数が急増した。ルートの通過点に位置するマケドニアが領土通過を認めたことが一因と見られている。

国連難民高等弁務官事務所（UNHCR）の資料によると、中央地中海ルートで主にイタリアに入った難民数は2015年／15万人、16年／18万人、17年／12万人。バルカンルートでは15年／86万人、16年／17万人だった。

ドイツにとって難民流入が深刻な問題となったのは、2015年9月4日にメルケルがハンガリーからの難民の受け入れを決断してからである。メルケルによる「上限なし」の難民受け入れ宣言が、さらなる難民流入の呼び水となり、2015年11月には1か月で20万人以上の難民が流入した。

メルケルはその後も、「上限なし」の方針に固執した。しかし、実際にはドイツ政府は、大量流入が始まった直後から、流入の規制を始めていた。

西バルカン諸国を「安全な国」に指定し、前述のように、それら諸国からの人々の難民申請は迅速に却下できるようにした。難民の家族の呼び寄せに制限を加え、さらにEUとトルコとの間で、ギリシャに密航した難民をトルコに送還することで合意した。

ドイツへの難民流入数は、2015年／89万人だったが、16年／28万人、17年／17万3000人と減少した。難民申請者数は、15年／47万7000人、16年／74万6000人、17年／22万3000人になった。

難民申請者数は、2016年3月から、1か月当たり1万5000人から2万人で推移している。2018年4月の難民流入数は1万1000人、申請者数は1万3000人だった。

流入数と申請者数に違いがあるのは、2015年夏に大量流入が始まった頃、難民申請の受理の処理が追いつかなかったためである。2015年、申請者数は流入数に比べて大幅に少なく、逆に2016年以降は難民申請の受理の処理が進んだため、申請者数が流入数を大幅に上回った。

このように数字だけを見た限り、メルケル第3次政権が進めた、難民流入抑制策は効果を発揮したということができる。

しかし、2018年初めまでに、140万人以上の難民がドイツ国内に入った、という事実は残る。

ドイツ世論はメルケルの寛容な難民政策に厳しかった。2017年9月24日の連邦議会（下院）総選挙で、政権与党だったキリスト教民主・社会同盟（CDU・CSU）の得票率は32・9％と、前回2013年選挙に比べ8・6ポイント減少した。西ドイツの最初の総選挙を除けば、戦後最低の得票率だった。他方、移民・難民の受け入れ制限を掲げた「ドイツのための選択肢（AfD）」が12・6％を得票し、下院に初進出した。

この選挙結果によって、ドイツはそれまでよりも厳格な難民規制を加速させることになった。まず、選挙での事実上の敗北を受けてメルケルは、政策を摺《す》り合わせるCDUとCSUとの間の協議の場で、年間の難民受け入れ数の上限20万人を認めた。この20万人という数字は、保守的なバイエルン州を地盤とするCSU党首のホルスト・ゼーホーファーが、2015年の難民危機当初から主張してきた数字である。メルケルはこれまで、受け入れ上限設定を頑《かたく》なに拒んできたが、選挙結果を受けてついに折れたのである。

CDU・CSUの政策の摺り合わせを経て、社会民主党（SPD）との間で第4次メルケル政権発足を目指した連立交渉が行われたが、CSUは連立協定に、年間の難民受け入れを最大18万～22万人と明記させた。また、難民、治安政策を司《つかさど》る内務相に、ゼーホーファーが就くことでも合意を見た。

連立交渉は紆余曲折《うよきょくせつ》を経たが、第4次メルケル政権は、総選挙から約半年間の政治空白を経て、ようやく2018年3月14日、CDU・CSUとSPDの大連立政権として発足した。

就任早々、ゼーホーファーは、「(難民と認定されず)送還される者を顕著に増やす。特に犯罪を犯した難民申請者に対して断固たる措置を取る」と語り、「迅速な難民審査と断固たる送還のための基本計画」策定を最初の政策課題に挙げた。

バイエルン州では2018年10月に実施予定の州議会選挙を控えていたことも、強硬姿勢の背景にあった。CSUは総選挙で多くの票をAfDに奪われ、もはや難民政策で弱腰を見せるわけにはいかない。AfDから票を奪い返すことはCSU党首としては至上命令だった。

毎年2万人程度の強制送還があるが……

おそらく世論に最も訴える政策は、難民認定されなかった人の送還促進だろう。

寛容な難民政策に対する風当たりが強くなるにつれて、送還促進はこれまでも行われてきたが、実績を見る限り、成果が挙がっているとは言えない。

2016年に送還となった難民の数は2万5375人、17年は2万3966人だったからやや減っている。

公共放送ARD(2018年7月15日付電子版)によると、2018年1〜5月、2万39

00人の送還対象者のうち、送還できたのは1万1100人。1万1500人が申し出た場所に現れず、中には姿をくらました者もいる。

残りの1300人のうち、150人は送還の飛行機のパイロットが搭乗を拒否した。500人以上が様々な形で送還に抵抗した。前年に比べて送還できた人の数は4％減少した。

送還に抵抗した例としては、2018年5月初め、南西部バーデン・ヴュルテンベルク州エルヴァンゲンで、そこの難民施設に収容されているトーゴからの難民を、EUで最初に入国した国であるイタリア（ダブリン条約で最初に入国した国で難民申請をしなければならないことが定められている）に送還しようとしたところ、難民200人が抵抗し、警察隊が投入される事態となった。難民の中に武力に訴えても送還させない、と言った者がいたらしく、警察は彼らの居場所を家宅捜索したが、武器は発見できなかった、と報じられている。

また、難民たちは、パスポートなど身分証明となる書類を紛失しているケースが多く、身元の確定が容易ではない。ほぼ自動的に難民に認定されるシリア以外の出身者の場合、身分証明書の紛失を装っているケースが多いためである。

シュピーゲル誌（2018年3月26日付電子版）によると、2017年末の時点で、6万4914人の外国人が、パスポートの代わりになる書類を所持していないので、ドイツに留め置かざるを得ない状況にある、という。そのうち3800人の人々が一体どの国から来たのか、突き止められていない。送還先の国が非協力的で、その国の在ドイツ大使館が書類の再発行をしない。

北アフリカのチュニジアでは、イスラム過激派を送り返そうとするドイツの方針を拒み、送還者受け入れに反対する国民のデモも起きた。一方、アルバニア、コソボ、セルビアなどの西バルカン諸国は、ドイツなどから送還された難民の引き受けに協力的だった。それは、将来のＥＵ加盟をにらんで、協力姿勢を示すことが必要だったためだ。

ドイツ警察当局は送還対象者の収容を強化すべきと語ったが、一方で社会民主党（ＳＰＤ）の政治家はドイツ社会によく同化した人は送還すべきではない、と発言する。ドイツメディア、人権団体などは送還対象者に関して、同情的な報道や活動を行う。難民の間でも送還を免れるための様々な情報が共有されている。

こうした事情が重なり、送還はますます困難になっている。

別の世界に生きるトルコ系

難民流入を最小限にとどめる措置、難民認定されなかった人々を迅速に送還する措置を進めるのと同時に、難民認定した人々を移民同様、ドイツ社会の中に取り込んでいく政策も進めねばならない。

それは簡単なプロセスでないことは、トルコ系移民の前例が示している。この問題だけで、ゆうに1冊の本になるが、ここでは近年、議論になった一つの事例を示そう。

それは2017年4月16日にトルコで行われた憲法改正の是非を問う国民投票に絡むものである。

憲法改正は、大統領に国会解散や非常事態宣言の権限を付与することなどを内容とする。このため、この国民投票は、トルコ大統領のレジェップ・タイイップ・エルドアンが自分への権力集中を図るために行うもので、トルコの民主主義を後退させるとして、ドイツでは、極めて否定的にとらえられた。

ただ、それだけならば、ドイツにとって単に異国での出来事だった。問題は、この国民投票にドイツにいるトルコ国籍（ドイツとの二重国籍を含む）の350万人が参加したことである。そして、その国民投票の結果、トルコ全体では、憲法改正に賛成は51％だったが、ドイツ在住トルコ系の賛成が63％に上ったことである。

ドイツ人は、トルコ系が、ドイツという自由で民主的な進んだ体制で生まれ育ったのに、なぜその多くが、ドイツの価値とは相反するエルドアンの政策を支持したのか、といぶかしく思った。そして、それを多くのトルコ系が、ドイツ社会に同化されていないことの証拠と見なしたのである。

ドイツは2000年に国籍法を改正し二重国籍を認めた。最初は23歳までに一つの国籍を選択する「選択義務」の条件をつけたが、2014年の改正でそれも削除された。

二重国籍の容認は約350万人いるトルコ系を主な対象に、ドイツ社会への同化を促進する狙いがあった。ドイツで生まれ育った第2、第3世代にとってドイツが母国と言えるが、トルコ国籍を捨てることには心理的な抵抗がある。暫定的措置として二重国籍を認めた方が、長期的には、より多くのトルコ系がドイツ社会に同化することを促すだろう、との期待があった。

すでに2016年12月のCDU党大会で、「選択義務」の復活を求める決議が可決されている。トルコの国民投票をきっかけに、二重国籍見直しを求める議論が強まった。あるドイツの外交官は、「エルドアンを支持するトルコ系の振る舞いを目の当たりにして、保守層を中心に憤りが生まれた。二重国籍がドイツ人意識を促進しないのならやめた方がいい、という議論が起きた」と私に話した。

その後、選択義務復活は具体化していないが、ただ、多くのドイツ人にとって、トルコ系の多くがドイツの価値とは異質の世界に生きている事実を、改めて突きつけられたのである。

トルコ系選手はドイツ代表か

トルコ系のドイツ社会への同化の困難さを象徴する事件が、2018年サッカー・ワールドカップ（W杯）ロシア大会を巡っても起きた。

ドイツは優勝候補とされながら、初のグループリーグ敗退を喫したが、世界有数のサッカー大国だけあって、この敗北はショックだった。当然、敗因についての議論が盛んに交わされた。やり玉に挙がったのが、ドイツ代表で背番号10の中心選手メスト・エジルだった。

W杯を1か月後に控えた5月13日、ロンドンのホテルで、ドイツ代表のイルカイ・ギュンドアンとともにエジルは、訪英したトルコのエルドアン大統領と面会した。そして、一緒の写真に収まり、ユニホームを贈呈した。ギュンドアンが贈呈したユニフォームには、トルコ語の手書きで、「私の大統領へ。敬意を込めて」という言葉が記されていた。

2人はトルコ系で、自分のルーツである国の大統領からの求めに、「家族の国の最高の公職に対する敬意」（エジル）から応じたのである。しかし、この2人の行動は、たちまち政治家やサッカー連盟会長などドイツ社会の主だった人々から強く批判されることとなった。

今のドイツで一般的なのは、エルドアンは人権無視の強権政治家という見方である。ドイツの左派的な考えでは、2人がこの強権政治家と親密にしたことが、ドイツの基本的な価値に反する行動ととらえられた。右派的な考えでは、「両選手はドイツ人なのか、トルコ人なのか」ということになる。これまでもエジルは、試合前の国歌斉唱でドイツ国歌を歌わない態度が批判されてきた。

W杯を控え、フランク＝ヴァルター・シュタインマイヤー大統領と両選手との会談が大統領府で行われた。これは左派的な考えに基づく反応で、両選手に人権を無視する他国の指導者などと会ってはならない、というお灸《きゅう》を据えた、というところだったのだろう。

W杯の直前に行われた親善試合では、ドイツのサポーターから、2人がプレーするたびにブーイングが起こった。これは右派的な感情からの反発だった。

そうした中で迎えたW杯だったため、エジルらに心理的な影響を与えたと思われる。実際、W杯での同選手のプレーは無気力で、チームもまとまりが欠けていた、と報じられた。

ドイツ代表は前回2014年大会で優勝し、エジルを始め移民を背景に持つ選手を多数擁していたため、多文化社会が豊かな成果を生み出す象徴との見方があった。しかし、ドイツの現実は、そんなに単純ではない。むしろ、W杯を巡る一連の騒動で浮き彫りになったのは、多文化社会が緊張と不安を孕《はら》んでいるという現実である。

結局、エジルは2018年7月22日、ドイツ代表を引退した。フェイスブックを通じて英語で発表した引退声明では、「ドイツサッカー連盟会長のラインハルト・グリンデルやその支持者たちにとって、私は試合に勝ったときはドイツ人で、負けたときは移民なのだ。それは私がまだドイツ社会に受け入れられていないからだ。人種差別主義や無礼を感じているうちは、ドイツのためにこれ以上プレーしない」と、激しい文面でドイツ社会の現状を指弾した。

エジルはドイツへのガストアルバイター（Gastarbeiter＝客人労働者）3世で、出身階層から言っても、エルドアン大統領に親近感を抱いているのだろう。

輪をかけてやっかいなのは、一口にトルコ系と言っても、おおよそ三つに分かれ、三つ巴《どもえ》で対立が深まっていることである。国民投票でエルドアンを支持した、社会階層で言えば中から下の人々と、エルドアンに批判的な従来のエリート層である世俗派グループ、そしてクルド系の三つである。彼らはそれぞれの立場で、ケルンなどの都会でデモ、集会を開く。クルド系団体が集会を開くと、それに対抗してトルコ系団体が集会を開くこともある。その場合は警察が介入しないと、大規模な衝突になりかねない。すでに小競り合いはしばしば起こっている。

難民にドイツ語と職場を

多文化主義の考え方によれば、ある社会を主導するような多数派の文化は存在すべきでなく、各民族集団は母語も含めて、それぞれの文化、習慣を維持しながら共存することが可能である。ドイツ社会に多文化主義に立つ人も一定数いるだろうが、ドイツ政治では移民・難民に対して、憲法に盛られた価値の尊重と、ドイツ語の習得を通じて、ドイツ社会への同化を求めることで、ほぼコンセンサスがある。

トルコ系は、もともと1960年代からガストアルバイターとして国家間の取り決めに基づいて計画的に受け入れられた。ドイツは彼らをいずれ母国に帰る存在として扱い、1990年代の終わり頃までは積極的な同化政策を行わなかった。そのことが、前項のようにトルコ系が、ドイツとの一体性の意識を持たない集団となって様々な軋轢《あつれき》を生んでいる、と考えられているのである。

仮にトルコ系に対し早期に同化政策を進めていたら、実際にドイツ社会のよりよい構成員になったかどうかはわからない。ただ、今のドイツ政治においては、何はともあれ、新たな移民・難民が入ってきた段階で、直ちに同化プロセスの中に彼らを組み込まねばならないとの認識が強まっている。

難民事案局のランゲンバッハが、「今回の難民に対してはこれまでとは違い、早期の同化を心がけている」と話したのは、こうした背景があったからである。

しかし、2015年来の難民危機を受けて進めている同化コースの強化や雇用の促進は、壁にぶつかっている。

「同化コース」は2005年、移民の同化促進政策の目玉として導入された。

先に触れたように、移民・難民に憲法理念などを教えるオリエンテーションコースの効果は、常識的に考えて疑わしいと言えるだろう。ドイツ語学習についても、期待したほどの効果が挙がっていないことをシュピーゲル誌（2018年4月29日付電子版）は報じている。

それによると、2017年に34万人が「同化コース」を受講したが、修了のドイツ語テストを受けたのは29万人。そのうち、日常会話はできるが専門的職業に就くには不十分とされるB1のレベルに到達したのが49％。41％がそれより低レベルのA2のレベル。残りはさらにそれ以下のレベルだった。

600時間は1日4時間、週5日学習したとして30週。半年余りの学習期間にすぎない。外国語習得には多大な努力、時間が必要である。短時間でのドイツ語習得を移民・難民にあまねく求める方がどだい無理な話だろう。「学ぶ文化」を持っていない難民も多いとされ、同化コースをはなから忌避する移民・難民も多いと思われる。


もう一つ、ドイツ政府が力を入れている施策が、難民にできるだけ早く職場を与えることである。

それが容易ではないことは、「ベルリン住居プラットフォーム」のコッペルマンが話した通りだ。巨視的に見てもそのことは裏付けられる。

連邦雇用庁の統計によると、2018年4月の「非ヨーロッパの難民申請者出身国」（アフガニスタン、エリトリア、イラク、イラン、ナイジェリア、パキスタン、ソマリア、シリア）

の求職者数は50万7000人であり、そのうち失業者数は19万3000人である。社会保険の支払い義務のある職場（正規雇用の職場）に就労している難民数は18万人となっている。

公共放送ＡＲＤ（2018年7月15日付電子版）によると、フベルトゥス・ハイル労働相（ＳＰＤ）は、22万人の難民が正規雇用の職場を得たが、まだ非常に低い数字であると述べたという。3年間で22万人の就労を実現したのだからかなりの前進とも思えるが、難民の失業率は、今のドイツの失業率（2017年12月で3・6％）に比較すれば、はるかに高い数字であることは言うまでもない。ドイツ産業界は労働力を欲しており、ドイツではすぐにでも職場が用意されているかのような見方が日本でもあったが、現実はそう甘くないことは明らかだ。

ヴエルト紙（2017年3月14日付電子版）が経済協力開発機構（ＯＥＣＤ）の報告書を基に報じているが、61％の事業所が、仕事の適性はあるが、ドイツ語能力の不足を理由に、難民を雇用しなかった。イランやシリアからの難民は比較的教育水準が高いが、イラク、パキスタン、エリトリア、アフガニスタンからの難民の教育水準は低い。そもそも満足な学校教育を受けていない多数の難民が含まれている、という。

難民の雇用促進には、これから何年にもわたる努力が必要なことは容易に想像がつく。

難民施設建設反対の声は届かず

難民施設建設に反対する住民の話を聞いた。

先述した「ベルリン住居プラットフォーム」運営の「仮宿泊所」から、車で5分程度のアルト・グリーニケ地区の住宅地に2016年8月、コンテナを組み立てた500人収容の「共同宿泊所」が建設された。

地図を頼りに行ってみると、この施設が建った周辺は、ファルケンヘーエ・ジードルングという低層の一戸建て住宅が並ぶ地区だった。ベルリン郊外にはジードルング（入植地や住宅地という意味）と名付けられた、主に第2次世界大戦前に開発された住宅地が所々にあるが、ここもその一つなのだろう。

「共同宿泊所」は平屋のプレハブ住宅10棟で、住宅地の外れ、灌木が所々茂った空き地に、フェンスに囲まれて建っていた。同じ空き地にはサーカスのテントもあり、遠くには東ドイツ時代に建てられたプラッテンバウ（コンクリート板を組み合わせたプレハブ式のアパート。日本で言えばかつての公団住宅に似ている）の建物も見えた。

平屋の住宅の庭先で、ハラルト（75）とロルフ（70）（2人とも姓は掲載しないでくれ、ということだった）という2人の男性の退職者に、建設反対の理由や現状を立ち話で聞いた。2人の発言を要約すると次のようだ。

「施設の計画が明らかになったのは2016年5月。暫定的な『テンポホーム』（前出）と呼ばれる共同宿泊所で、3年間使われる、ということだった。住民と行政の間に意思疎通はなく、我々の希望、懸念、不安は全く顧慮されなかった。

この空き地は野鳥のすみかだったのだが、あっという間に木が切り倒されてしまった。施設の入口を住宅地からもっと離すように要望したが、無視された。区長と話し合いを持ったのはすでに難民が収容されてからだった。色々と建設的な提案をしたのだが、無視され、だまされたと感じている。

近所の声をメールで集め、市の難民担当に送ることも始めたが、一方通行になっている。建設反対のデモを組織し、最初のデモには200人の住民が集まった。デモは2か月間、毎週月曜日に行われ、CDUの地元議員が参加したこともある。行政裁判所にも差し止めを訴えたが、『暫定的な不利益は受忍しなければならない』として却下された。他方で、難民受け入れを主張する住民デモも行われた」

私が話を聞いたのは、2017年9月8日の昼過ぎ。入口から難民の出入りはなく、平穏だったが、2人によると、入口の前によくフランスナンバーの車が停車しているとのことで、犯罪組織の車ではないか、と疑っていた。

ドイツ人らしい、融通の利かない頑固親父《おやじ》という風の2人だったが、彼らを極右活動家と見る人はいないだろう。何か思想的な背景があるわけではない。自分たちの平穏無事な年金生活をかき乱されたくない、というのが反対運動の動機なのだと思う。ハラルトは技術者として東ドイツ時代から建設関係で働いていた、ということだったが、序章でも述べたような「普通の人々」の典型とはこういう人たちなのだろう。

国民の間に、この2人の発言に通じる不安や不満が鬱積していることは、2人に話を聞いたときからまもなくして行われた総選挙で、難民受け入れ制限を掲げたＡｆＤが躍進したことからも明らかとなった。

第2章 ポピュリズムの実相

「ヒトラー伝」著者の息子に会う

２０１７年9月24日に投開票が行われたドイツ連邦議会（下院）総選挙の注目点の一つは、右派ポピュリズム政党「ドイツのための選択肢（ＡｆＤ）」がどれだけ得票するか、だった。

ＡｆＤの党員、できれば幹部で誰か興味深いインタビュー相手はいないだろうか。その人の選挙運動に同行させてもらえればもっとありがたい。そうした関心から日本で下調べをすると、ニコラウス・フェスト（１９６２～　）という人物がいることがわかった。

ネット情報を見る限り、フェストは大衆紙「ビルト日曜版」の副編集長も務めた、ドイツのジャーナリズムの正道を歩んできた人である。ただ、２０１４年6月、同紙のコメント欄に、イスラム教そのものが、イスラム教徒移民のドイツ社会への同化の妨げとなっている、という記事を書いたことが物議を醸し、同社を退社した。

彼が2016年10月、AfDへの入党を発表した記者会見は、世間の耳目を集めた。その反イスラムの主張も関心を引いた理由だったが、フェストがそれまで正統的なメディアの世界にいた知識人だったことも大きかった。そうしたエリート層に属する人がAfDを支持するなどはあってはならない、という通念は強固だった。

フェストと聞けばドイツ史を勉強したことがある人は、ヒトラーの伝記で日本でもよく知られるジャーナリストのヨアヒム・フェスト（1926〜2006）を想起するだろう。ニコラウスはヨアヒムの次男である。ちなみに、長男アレクサンダー・フェスト（1960〜 ）も著名な編集者である。

フェストはAfDの候補者として、旧西ベルリンの住宅地「シャルロッテンブルク・ヴィルマースドルフ」選挙区から立候補していた。サイトに記載されている彼のメールアドレスに取材の申し込みをすると、丸1日もたたないうちに、好意的なメールが返ってきた。

「読売新聞はもちろん知っている。父が45年前、フランクフルター・アルゲマイネ紙の発行人だったときに、貴紙の招待で訪日し、貴紙の名前が入った電卓をお土産にもらった。当時は最新の機器で、私は子供のときにその電卓でよく宿題を片付けた」

そして、彼の選挙区での街頭キャンペーンや、彼も演台に立つドイツ南西部バーデン・ビュルテンベルク州ヴァイプリンゲンでの選挙集会を取材対象の候補として提案してきた。

フェストが提案してきた街頭キャンペーンは、商店街であるヴィルマースドルフ通りで、2017年9月9日（土曜日）に行うという。この商店街は市街地にあり、「歩行者天国」になっていて、住民が普段の買い物をする店が並んでいる。

午前10時前に指定されたヴィルマースドルフ通りとペスタロッツィ通りの交差点に着いたが、選挙キャンペーンが始まる気配は何もない。ただ、ドイツの場合、日本ほど時間に厳密に物事が進むわけではないことは、私も特派員時代の取材経験から知っている。そのうちに誰か来るだろう、と思って見ていると、午前10時を10分ほど過ぎてワゴン車で乗り付けた数人の男女がいた。

幟《のぼり》やチラシらしきものを下ろしたので話しかけると、歯科医でAfDのベルリン市会議員カーステン・ウッベローデ（1962〜　）だった。日本のジャーナリストで、フェストとは事前に話した、といったことを説明すると、警戒心はすぐになくなったようだった。立ち話で彼は「ドイツのメディアは我々のことを目の敵にするが、支持は広がっている」といったことをしきりに強調していた。やがて、フェストが通りの向こうからやってきた。ドイツ人としては小柄な、額が秀でた風貌の男性だった。

まださほど寒くはないのが幸いだったが、最初は小雨だったのが、次第に雨脚が強くなった。

党のシンボルカラーである水色の旗を掲げたスタンドの前で、水色のジャケットを着た6人の党員による街頭キャンペーンが始まった。

地元の立候補者であるフェストの顔写真が入ったチラシを配り、通行人に声をかけ、場合によっては議論をする、というのが活動だった。私はその合間を縫って、フェストや他のＡｆＤ党員、ＡｆＤに関心を持っていそうな通行人に話を聞いた。

同化を望むことが同化の条件

選挙運動をしていたＡｆＤ党員の中で、最も若いのがダーフィト・ハイナー（30）だった。彼にＡｆＤに入党した理由を聞いた。

「難民問題のため。ただ、２０１５年の難民危機からではない。それ以前からの移民政策に不満だった。誰が来てよくて、誰がとどまり、誰が去るべきかをはっきりさせ、とどまる移民には同化政策を強めねばならない。公的メディアは同化に関して楽観的だ。しかし、人々と話すと、ＡｆＤの支持者でなくても、移民・難民政策に非常に批判的な意見を持つ人がたくさんいる。というのは移民・難民の中でドイツ社会への同化を望まない人間がたくさんいるからだ。残念ながらそうなのだ。

私にも多くの移民の友人がいるが、問題は本人がそう望まない限り同化は実現しないということ。ドイツのことをののしり、福祉だけで暮らし、いかがわしい仕事に就いている人間は、30年間住んでもまったくドイツに同化しない」

難民を積極的に受け入れようとするドイツ人も多いではないか、批判的なドイツ人だけではないだろう、と聞くと、彼はこう答えた。

「難民受け入れがすばらしい、クール（かっこいい）と言っているのは人口の5％だ。10％が定期的か時々かを問わず、積極的に支援している。しかし、10％でも800万人だ。7500万人は手伝わない（ドイツの人口は8270万人＝2016年）。確かに、難民受け入れ体制は整ってきた。宿泊所、ドイツ語コースは整えられた。しかし、同化は言語コースだけでは十分ではない。米国に住んだことがあるが、国を愛し、米国民になることが求められる。ドイツでもまったく同じ。ドイツ人になろう、という人がドイツに住むべきだ」

ハイナーは企業のマネージャーをしているという。職種については聞き忘れたが、ブリュッセルにも住んだことがあると言い、ドイツの事情だけしか知らない人間ではない。

ヴィルマースドルフ通りは、日本で言えばどこか地方都市の目抜き通りという感じだろうか。通行人は多いが、ビラを受け取る人の数はまばらだ。そんな中で、ＡｆＤの運動員と話していたから、ＡｆＤのシンパなのだろう。その男性を呼び止めて、話を聞いた。

ヴィルマースドルフ通りで行われたAfDの街頭キャンペーン

カール・ハインツ・プレーム（67）という、会社の情報設備設置を請け負っている自営業者。AfD支持の理由などについて、次のような話をした。

「私はAfDの党綱領を調べた。家族、安全保障問題、欧州連合（EU）などに関して、キリスト教民主同盟（CDU）、社会民主党（SPD）よりも考えが一致する政策が多かった。私はこれまでずっとCDUに投票していた。CDUはかつてはモダンな（現代的な）保守政党だった。メルケルによって党は左傾化した。既成政党に失望している。

難民政策に大きな懸念を抱く。私だけでなく、子供や孫にとって。この問題は長期的視点で見なければならない。国境管理なしに100万人の外国人を受け入れた。そんなことは日本ではあり得るか？」

「そんなことはあり得ない」と答えると、笑いながら、「どの国も国境管理なしに外国人を国内に入れることはない。ドイツに入ってくる難民の75％が若い男性だった（2015年の難民申請者のうち男性は69％）。難民政策は破滅状態だ。彼らは同化することを望んでいない。アラブ人は自分たちのコミュニティーを作って閉じこもっている。イスラム教は非常に危険だ。イスラム教は宗教だけではなく、政治だからだ」

「もう一つの問題は、ユーロ問題、ギリシャ支援問題だ。私は『ドイツ納税者連盟』（減税や官僚制削減などの実現を目的とする社団法人）に所属しているが、2010年、政治家でも官僚でもない人にインタビューしたいと、ロサンゼルス・タイムズ紙特派員から連盟を通じて依頼があった。私はギリシャは一銭もカネを受け取るべきではない、と答えた。振り返って正しかったと思う。普通の市民が政治家よりも正しく理解している。ギリシャは機能する国家ではない。税制が機能していない」

ＡｆＤ党員、支持者の最大の動機は難民問題、次いでユーロ問題ということが改めて確認できた。

「シャリーア（イスラム法）と民主主義は水と油」

フェストにはヴァイプリンゲンで話を聞く約束になっていたので、立ち話でイスラム教に関する彼の考えだけを聞いた。彼の考えは明快だった。

ヴァイプリンゲンでインタビューに答えるフェスト

「イスラム教は全体主義のイデオロギーだ。私はイスラム教嫌いではない。自由な社会を守りたいだけだ。サウジアラビア、トルコ、カタール、アラブ首長国連邦、スーダン……どこであれ、イスラム教が支配的な国で、開かれた、自由な社会はない。

ベルリンでトルコ人が集住するノイケルン地区では、宝石商がイスラム教徒から十字架をショーウィンドーから外すように言われている（ネット情報ではこの出来事は確認できなかった）。侮辱だというのが理由だ。我々はどこに住んでいる？ 我々はどこに住んでいるのだ！

キリスト教と啓蒙主義がドイツをはじめヨーロッパ全体で、自由な社会を実現している。イスラム教であれ、共産主義やナチズムといった全体主義的運動であれ、我々はそれらから自国を防衛しなければならない。シャリーア（イスラム法）は民主主義体制とは一致しない。彼らは女性を二級と見なし、市民の自立性を信じない。市民が法を創造する権利を信じない。市民は自分の法を自分で決める。神や預言者が神の法をもたらすのを待つのではなく、自分の生活は自分で決める。イスラム教徒はそれを許容できない。

イスラム教は最終的な判断をする機構がない。カトリックの場合、教皇がいる。長い間保守的だったが、教皇が前進しようと言えば全ての信者はそれを守らねばならない。他方、イスラムを改革しなければならない、といっても多くの信者がそれは異端だと言って同意しない。コーランしか依拠するものがない。コーランは7世紀のものであり、我々の個人の人権とまったく反する。

シリア系ドイツ人で、著名なイスラム研究者バッサム・ティビ（1944～　）は、ユーロイスラム（ヨーロッパ型のイスラム教）があると主張し、長い間イスラム教が改革されると期待していた。しかし、1年前に雑誌『ツィツェロ』で、『私の考えは失敗した。ユーロイスラムは存在せず、過激な原理主義的なイスラムが勝利した』と認めた。イスラムの改革はできず、ずっと西側世界の敵であり続ける。穏健イスラム教徒と過激イスラム教徒を分けることはできない。イスラム教徒がドイツに客として居住している権利を乱用するのであれば、すぐに送還するべきだ」

フェストの主張は、リベラルな立場から政教分離や多元主義を認めないイスラム教を批判する、デンマーク国民党やオランダ自由党などのポピュリズム政党の主張と軌を一にする。ただ、AfD内では、彼のイスラム教に関する見方は、コンセンサスを得るまでには至っていないようだ。

AfDの選挙妨害をする若者グループ

街頭キャンペーンが始まって1時間経過したとき、白い雨合羽を着た10人ほどの若者集団が現れ、無言のまま横断幕やテープを使ってスタンドの周りを囲んだ。物理的にAfDの運動を封じ込めようという左翼集団ならではの妨害活動だ。AfDの党員が抗議するが聞き入れない。

この手の活動を私は1999年にも取材している。CDUは当時、SPD主導のシュレーダー政権が進めていた二重国籍を認める国籍法改正案に反対する署名活動を進めていた。ベルリンの中心部にあるヴィッテンベルク広場で行っていた署名活動を、左翼集団が横断幕で取り囲み、物理的な妨害活動を展開した。

AfDの活動家も、左翼集団の常套《じょうとう》手段であることを知っているのだろう。あまり事を荒立てる様子もない。「封鎖」の外に出て引き続きビラを配っている。

30分ほどすると通報を受けて10人ほどの警察官が到着し、若者集団のリーダーに「選挙妨害は許されない。規則によりここから20m以上離れなさい」と警告した。しばらく押し問答を繰り返したが、大きな混乱はなく、若者集団は横断幕やテープを撤去して現場を立ち去った。

このごたごたの最中に、左翼集団の一人の若者に話を聞いた。彼はギムナジウム(大学進学

横断幕とテープで取り囲み、AfDの選挙運動を妨害する若者たち

を前提とした中等教育機関）の学生で、名前と年齢を聞くとノエル（18）と名乗った。

「この運動は組織によるものではない。SNSで知って来た。プライベートな反対運動だ。AfDは明らかに人種差別主義者で、受け入れることはできない。AfDの行動が差別主義であることを示したい」

「言論の自由があるだろう」と私が聞くと「その通り」と肯定した後に、「言論を禁じているわけではない。私は彼らの活動にコメントしているにすぎない。彼らは言いたいことを言える」と言う。

「しかし実際は彼らの言いたいことを邪魔している」と重ねて聞くと、「少しだけだ」と小さい声で反論した。

「今の政府の難民政策をどう思うか」と聞いてみた。

彼は、「政府が実施している送還はいいこととは思わない。しかし、今のところ、ＡｆＤの主張よりはましだ。政府は、すでに15年もドイツに住んでいる人間を送還している。『安全でない国』に対する送還はよくない。移民・難民の同化は可能だと確信する。ただ、もっとうまく行う必要はある。ドイツ側にも問題がある。仕事があれば、最もよく同化できる。難民認定までに半年かかり、それまで何もできない現状は問題だ」と話した。

リーダー格で現場を仕切っていたのは、40代と見られるめがねをかけたひげ面の男性だった。ノエルはＳＮＳを通じて集まった、と話したが、横断幕やテープの用意や手際のよい行動などを見るにやはり組織的な背景があるのだろう。

同様の妨害活動は、ドイツ各地で起きたのだろう。国内で大きく報道されたのが、選挙運動が始まる前だが、２０１７年４月のＡｆＤケルン党大会だった。左翼活動家が結集し、ＡｆＤ党員が会場のホテルに入るのを妨害するなどした。警察官に護衛されて会場に導かれる党員の姿がテレビでも放映された。

こうした左翼集団の行動は、言論、集会の自由などの民主主義の根幹を否定するゆゆしきものだと思うのだが、「左」による「右」に対する攻撃に関してドイツメディアは寛容である。ＡｆＤの党大会への物理的妨害に関しても、全体として言論空間を支配する雰囲気は、「右の政治勢力の拡大を阻止することが何にも増して優先される」といったものである。シュピーゲル誌（2017年4月24日付電子版）に、こうした状況を容認している政治家を、民主主義擁護の観点から批判する論説が掲載されていたのが、私の知る限り、唯一の例外だった。

私はこうした西ドイツ時代から繰り返されてきた事例を知るたびに、中国や韓国の度が過ぎた反日運動を表現するときに使われる「反日無罪（愛国無罪）」という言葉を思い出す。反ナチのためには時に法秩序を軽視してもかまわない、という戦後ドイツの傾向は、「反日無罪」をもじって言えば、「反ナチ無罪」とでも呼べるものだ。

街頭運動は昼過ぎまで続いた。

ハイナーは、ボスニア・ヘルツェゴビナ紛争からの難民だったという30歳くらいの通行人の男性と、1時間近く議論を続けていた。

2人の議論を小耳に挟むと、「移民・難民出身者でも起業しドイツ経済を支えている者もいる。移民を導入しなければ、労働人口が減るヨーロッパ社会は成り立っていかない」と、元難民の男性は言い、ハイナーは、「労働力の減少はロボット導入などで対応できる。技能を持つ移民は歓迎だが、ドイツに来て福祉を食い物にする難民を追放できないのは問題だ」などと反論していた。議論はずっと平行線を辿ったままだった。

森林公園のAfD集会へ

翌9月10日（日曜日）の朝、ベルリンからシュトゥットガルトに「エア・ベルリン」便で飛んだ。この航空会社は8月に経営破綻し、ドイツ政府とルフトハンザ航空の支援で運行を継続していた。同社の航空便が突然欠航となり、支払った航空運賃が戻ってこない、といった事態が頻発していた。エア・ベルリンは10月27日に運行を停止したから、私の便が定時に飛んだことは、幸運だったのだろう。

フェストとの2回目の約束は、シュトゥットガルトから電車で15分のところにあるヴァイプリンゲンでのＡｆＤの演説会である。鉄道駅から歩いていくと、森林公園の中にレストランを併設した市民センターがあった。

入口では集会開催に反対するグループが横断幕を張っていたが、特に妨害活動はしていなかった。会場に入ると、前方に舞台があり、音楽会や演劇も行われるホールなのだろう。約２００人がすでに席を埋めていた。

共同首相候補の一人、アリーセ・ヴァイデル（１９７９〜　）の演説が、このセンターのホールで行われる選挙集会の目玉だった。

ヴァイデルは長身でめがねをかけた、やり手のビジネスウーマンという感じ。事実、彼女はバイロイト大学で経済学を学び、フランクフルトで米金融会社ゴールドマン・サックスに勤務した。その後、中国で研究生活を送り博士号を取得している。スイスで、婚姻に準ずるパートナーシップ登録をした女性と一緒に住んでいるレズビアンで、養子を2人育てている。

2013年にAfDに入党し、15年に党幹部会入りした。17年4月の党大会で、アレクサンダー・ガウラント（1941〜　）とともに、9月の総選挙に向けて共同首相（筆頭）候補となった。

壇上には、ヴァイデル、フェストと、ヴァイプリンゲンの選挙区から立候補するユルゲン・ブラウン（1961〜　）らが並んだ。ヴァイデルの演説は次のようだった。

演説するヴァイデル

「私は2013年に入党したが、その理由は正義と法律がもはや遵守されないのではないかと恐れたからだ。当時、ユーロ救済の政策が行われていた。AfDはそれを批判する唯一の政党だった。ドイツ政府は、財政赤字を抑えるマーストリヒト条約に違反したし、他国の債務を埋め合わせることを禁じるとはっきり定めてあるEU基本条約に違反し、ギリシャ救済を行った。

もしユーロ導入当時、是か非かを問うことができるのなら、我々はスイスをモデルに国民投票の実施を要求していただろう（拍手）。フランスとオランダは欧州憲法条約を国民投票によって拒否した。ドイツ国民は国民の意思を問われる機会がなかった（ドイツでは国レベルの国民投票制度は憲法に規定されていない）。

欧州委員会は民主的に選ばれたわけではない。それが国民によって選出された各国の議会の決定より権限を持っていいわけがない。だから我々は加盟国の議会にEUの決定に対する拒否権を与えることを主張する（拍手）。

全てが中央集権的になり、調和的になり、競争が失われている。我々は非民主的な中央集権化を受け入れない。EUをドイツ政府がコントロールできるようにする（拍手）。今、ドイツもEUも深く分裂している。それは、債権国と債務国に分かれたからだ。ある国が他国の債務を肩代わりしなければならなくなったからだ。我々はそれをやめさせる（拍手）」

4人の登壇者は、演説のテーマを分担していたようで、ヴァイデルの演説はユーロ問題に特化していた。演説は続いたが、ヴァイデルはドイツメディアが報じているように、確かに経済自由主義の立場を取る人である。

ヴァイプリンゲンのAfD集会でヴァイデルの演説を聞く聴衆

演説では競争原理の復活も訴えたので、下手をすれば強者の論理と受け止められるところだが、そこは債務国への支援や中央集権的なEUを標的に攻撃し、巧みに聴衆を取り込んでいる印象を受けた。念頭にあるのは、グローバル化から疎外された社会層や年金層だろう。

聴衆はヴァイプリンゲンや近隣の町から来たと思われる老若男女で、中高年の男性が最も多かった。皆、日曜の午後、散歩のついでに立ち寄ったという風の服装で、身なりからしてもごく普通の市井の人々である。

単なる印象にすぎないが、ＣＤＵの集会ならば、もう少し社会の上層と思われる人が参加しているかもしれない。乱暴な言い方だが、ＡｆＤ集会の参加者は全体として同じ市民でも「中の下」の人々、ＣＤＵは「中の上」という感じがする。

息子と2人で参加していたイルカ（55）と名乗る女性は「ＡｆＤは野党になるので、期待できるかどうかはわからない。他の政党の集会も覗いて考えたい。若いときはいつもＳＰＤに投票していた。当時はＣＤＵ、ＳＰＤ、ＦＤＰ（自由民主党）しかなく、まだＡｆＤはなかった し、ドイツは他の問題を抱えていた。過去10年間でグローバル化、移民問題など新しい問題が出てきた。こうした状況を受けて自分の政治的な見方が変わっても当然だと思う」と話した。

情報関係の仕事をしているとのことで、それ以上は詳細を聞けなかったが、図書館司書といった仕事の人なのか。世界の動きの基本的なことはわかっているし、平凡だが誠実に生きる一人の女性という印象だった。

ＡｆＤ入党で友人から絶交される

この選挙集会の後で、市民センターに併設されているレストランに赴いた。そこで白ワインを口にしながら、フェストにかなり突っ込んだ話を聞くことができた。

まず、なぜＡｆＤにあえて入党したのか聞いた。

「反イスラムの記事が原因で新聞社を退社してから、一時期シンガポールの出版社で働いたが、ドイツの現状に対する懸念は深まっていき、半年で帰国しＡｆＤに入党した。私の祖父は中央党（１８７０年創設のカトリック政党）に入り、ヒトラーの政権掌握の日に追放になり、父はコンラート・アデナウアー（西ドイツ初代首相）が首相のときに、ＣＤＵを批判し、彼もテレビ局を追放になった。批判して追放されるのが、家族の伝統で、性に合っているのだろう。ＡｆＤに入党したことで、石ころだらけの苦難に満ちた道が待っていることは知っている。私がＡｆＤに入ると聞いてどんな反応をするか、親しい友人20人のリストを作った。３人が絶交した。残りは、絶交とは言わないが音信不通となったり、賛成はできないが好きなようにすればいいと言った友人で、賛成したのはごく少数だった。

民主的な政党で政治をすることすら、ファシストなどと言われることは嘆かわしい反応だったが、こうした社会の反応を受け入れてやっていかねばならない。今までの方が快適にやっていけるが、リルケの有名な言葉にあるように、『おまえは自分の生を変えねばならない（Du mußt dein Leben ändern）』。その後、よい人と知り合うこともできた。ＡｆＤに入党した甲《か》斐《い》があった。

ナチが政権を取ったときはどうなるか誰も予想がつかなかった。そうした国家は前例がなかった。民主主義は終わるかもしれない、とは当時の人はわからなかった。

一方、イスラム教に関してはすでに経験がある。不自由な社会になる。イスラム教を許容しなければならない、というが違う。我々は戦わねばならない。イスラム教が支配するところは我々が住みたくない環境になる。

特に祖父は大きな模範であり、彼はもっともっと多くのことを断固として行った。祖父が耐えねばならなかったことに比べれば、私が経験した嘲笑や抑圧は滑稽なことにすぎない」

当然、2週間後に迫った総選挙が話題になった。

「メルケルが政治家として、計算に基づいてやっていることは間違っていない。つまり、ドイツ国民が全体として左傾化しているので、CDUも左傾化しなければならない、という計算だ。しかし、メルケルは、ユーロ危機や難民危機を経て、人々がもはやそう望んでいないことを見落とした。トランプ現象にも見られるように、人々は、グローバル化によって利益にあずかっているのは、例えば7か国語を話し、世界中を旅し、投資銀行、企業のトップ経営者といったごく少数の人々だけ、と気づいた。普通の人々、労働者、農民にとってグローバル化は何の利益ももたらさない、とわかった。

CDU・CSUの右に位置する政党が議会に進出する。それはCDU・CSUがもはや右派、保守ではないからだ。CDUは全ての保守の立場を放棄した。徴兵制廃止、同性婚容認、完全にばかげた脱原発を行った。CDUは核となる支持層を失った。総選挙を前に大きな支持層の移動があった。CDU自身が中道左派と言っている。だから中道右派の政党としてAfDが設立されたのだ。

我が党はナチ独裁とは関係ない。既成政党が、大都市の左傾化した住民に強く影響され、左傾化していることが重要だ。しかし、グローバル化、移民はよいことと思わない人がいる。つまり、今の政治は我々の政治ではなく、移民、トランスジェンダー、ホモセクシュアル、レズビアン、トルコ人のための政治をしていると考える人だ。その結果としてＡｆＤが安定した支持を得た。

緑の党、ＦＤＰは彼らが掲げるテーマが狭いので、６〜９％の支持にとどまり、国民政党にはなれない。ＡｆＤは反ユーロを掲げ、（特定の分野の政策に特化した）テーマ政党だと他の政党は本気にしていなかった。しかし、党綱領を発表し、老人貧困、イスラム化、治安問題、国防などを取り上げると、既成政党は、『気をつけろ、ＡｆＤは国民政党になる可能性がある』と気づいた。我々は25〜35％の支持を獲得しようと努力する。５年以内にそれが可能だ。

ＳＰＤとＣＤＵは我々を不倶戴天《ふぐたいてん》の敵と見ている。第３の国民政党が安定した勢力を得たら、既存の国民政党が消滅するかもしれない。そこで激しい憎悪の対象となり、連邦憲法擁護庁（反体制活動を監視する政府機関）を使い、中傷、ナチ呼ばわりなどあらゆる手段で攻撃している」

日常の「小さなテロ」が投票行動に影響

インタビュー時点でもＡｆＤの議席獲得はほぼ確実視されていたが、近い将来の「国民政党化」は想像しがたい。なぜフェストは確信が持てるのか、と重ねて聞いた。

「有名なドイツの社会学者アーノルト・ゲーレン(1904〜76)の言葉に『一番重要な投票権は、現実の投票権だ』(現実が人々の投票行動を変えるということか)というものがある。全てがうまくいっていると言われていても、もし自分自身がそうでないとわかれば、人々は投票行動を変える。

3人の子供を持つ友人がベルリンにいる。彼は左翼であり、(難民を積極的に受け入れようという)『歓迎文化』を支持していた。子供たちは16、20、23歳で、2人の子供はもう家から出ていて、一番下の娘はまだギムナジウムの生徒。彼女がSバーンの駅で7人のアラブ人に囲まれ胸を触られた。夫婦は立場を変えた。それまで2人は娘に、『自立したのだから駅に自動車で迎えに行かないし、酒を飲みに外出してもいい』と言っていたが、『酒を飲んではだめ。自動車で駅まで迎えに行く。自分も夜は酒を飲まない』と態度を変えた。

もう一人の友人は、午前4時に何度も玄関の呼び鈴を鳴らされた。その5日前に郵便が非常に不規則に配達されると苦情を言ったことがあった。玄関の外にはそのイスラム教徒の配達人が4人の兄弟といっしょに立っていて、『もう一度苦情を言ったらおまえを叩《たた》きのめすぞ』と脅迫した。この友人もAfDはとんでもない、と言っていたのが、AfDに投票する、と言う。移民・難民によるこうした『小さなテロ』は続くだろう。

緑の党は居心地のよくない状況にある。彼らは女性や同性愛者の権利向上に取り組んできた。そこへ突然、同性愛者を殺すと言ったり、女性の権利を守らない人間が現れた。イスラム教に対する態度を変えなければ、数年のうちにドイツ人は緑の党ではなく、ＡｆＤに投票するようになるだろう。メルケルは党内の権力操作は非常にうまいが、人々は彼女がしっかりした土台を持っていないことに気づいている。メルケルは数年の後に最悪の首相、不運を生んだ首相として記憶されるだろう」

最後に、ドイツメディアで報道されているように、ＡｆＤ内の派閥闘争、特にナチ的傾向にどう対処するのか聞いた。

「ＡｆＤの中には強い反米、反ロシアの人がいる。ただ、党は、北大西洋条約機構（ＮＡＴＯ）はドイツにとって利益になる同盟という立場だ。今でも米国は巨大な同盟国であり、メルケルやジグマール・ガブリエル外相が（トランプ大統領の）米国を非合理的な国と扱っていることは、非常に問題がある。西側諸国にはイスラム教の大きな危険にどう対処するか、という問題があり、米国との関係は優先順位の高い問題ではない。メルケル、ガブリエルの米国に対する振る舞いは子供じみていて、間違いだ。我々はロシアを敵とは見ない。ロシアにせよ米国にせよ、すぐに対話を行い、信頼関係を築き、ヨーロッパをよくすることだ。

ＡｆＤ創立当初、党を率いていたベルント・ルッケ（経済学者）、ハンス＝オラフ・ヘンケル（元ドイツ産業連盟会長）は、市場経済重視のネオリベラル派だった。我々は第２の（市場経済重視の党である）ＦＤＰではない。ルッケもヘンケルも失敗した。ＡｆＤは完全に社会政策を重視する政党に変わった。ネオリベラルの考え方の人間は市場の自由を防衛したが、我々は個人の自由を防衛する。独占も欲しないが、ネオリベラリズムも欲しない。健康保険、年金など生存保証の分野では国家の介入が必要だ。ただ、党内の議論はまだ終わっていない。我々は唯一の正しい方向があるとは言わない。

ナチ的傾向はない。ナチは民主主義を望まない。ナチ運動はヒトラー総統がおまえは何をしろ、あいつは何をしろ、というやり方。我々は明確にナチが否定した底辺民主主義。多元主義、多党主義、言論の自由に賛成だ。党内抗争も存在しない。ヴァイデルも故郷が重要という考え方に賛成だし、私は国民国家の解体は大変危険だと考えるし、保守的な家族像を持っている。党内全てが国民保守的であり、ある人はリベラル経済、ある人は社会政策重視であるにすぎない」

「小さなテロ」の話などは誇張が含まれているかもしれない。ただ、ＡｆＤを主導する知識人が、どのような発想をしているかよくうかがえると思う。

「メルケルは去らねばならない」

ドイツの総選挙では投開票日の当日、午後6時の投票締め切りと同時に、公共放送で出口調査結果が報道されるのが恒例となっている。その時間に合わせて私は、AfDの選挙パーティー会場の近くにいた。場所はベルリンの繁華街の一つ、アレクサンダー広場に近いレストランだが、事前に登録していなかったので中には入れなかった。AfD反対派の若者を中心とした左翼集団が会場周辺を取り巻いて抗議行動をする騒然とした雰囲気だった。

そんな中で、人混みからちょっと離れたところで、スマホの画面を見ては、「やったー」と叫んでいる男がいた。ジャケット姿の身なりや容姿からすると、きちんとした社会的地位の人のようだ。

おそらくAfD支持者だろうと当たりをつけ、話しかけてみた。彼は「話をするのはかまわない。ただ、写真は撮らないでくれ」と応諾した。

名前はトロステン（46）で、私立の経済専門学校教師という。彼は「メルケルは去らねばならない。辞めるだろう」と繰り返した。

「メルケルは大きな間違いをした。難民問題もそうだが、外交、特にトランプに対する否定的な感情は問題だ。英国のEU離脱もメルケルに責任があるかもしれない。2002年総選挙では、私はゲアハルト・シュレーダー（SPD、1998～2005年首相）を首相に再選させ

ベルリンのアレクサンダー広場近くでAfDの集会に反対する左翼集団の若者

アレクサンダー広場近くの集会で、AfD反対派の横断幕が規制される一幕

ようと思い、ＳＰＤに投票した。彼のカリスマ性がよかった。２００９年総選挙ではＦＤＰに投票したが、減税などの約束は守られなかった。ＣＤＵもＳＰＤも違いがなくなった。最低賃金制などのＳＰＤの政策をメルケルが行うようになっている。ＣＤＵが保守から真ん中に寄ったので、もう選択がなくなった。結局ＡｆＤのような政党を選ぶしかなくなった。

メルケル政治に人々がまったく満足していないことが明らかになった。この結果では連立政権を作るのは簡単ではないだろう。唯一あるのは大連立だが、ＳＰＤはもはやそれを望まない。ドイツメディアは、メルケルはいずれにせよ首相にとどまる、と言っていたが、それとはまったく違うことが今日起こった。非常にわくわくする結果だ。人々は12年のメルケルの治世には飽き飽きした。ドイツ政治は新たな局面に入った。難民への国境開放という無意味な政策を行ったメルケルに対し人々が声を上げられるまで、２年間という長い時間がかかった」

トロステンはそう言うと、ＡｆＤの祝勝会場に入っていった。

私が接触し、取材した限りのＡｆＤ党員や支持者の考え方、振る舞いは、だいたい以上の通りである。言うまでもなく、総選挙でＡｆＤに投票した５９０万人のごくごく一部に接触したにすぎない。ただ、次のことは言えるように思う。

第一にＡｆＤを主導している人々について言えば、知的水準は高いし、実現を目指す体系的な理念を持っている。それは後述のように、多くの場合、ナチズムとは別の保守思想だろう。ドイツメディアの報道から判断すると、一部にナチ的な傾向を持っている党員がいることは確かだが、AfD全体として、日本で「極右」という言葉でイメージされる、暴力団まがいの、不逞《ふてい》の輩《やから》の集団ではないことは確かだ。

右派ポピュリズム政党はいわば「羊の皮を被った狼」であり、一旦、権力を握れば、強権的な姿勢をむき出しにするだろう、という警告も主に左派から提起され続けている。しかし、少なくとも西ヨーロッパのポピュリズム政党で、既存の法秩序の否定を掲げている党はないのではないか。現実に起きていることからポピュリズムを虚心坦懐に観察する姿勢が重要である。

第二に、ポピュリストと呼ばれるAfDだが、ポピュリズムが、無責任な政治指導者の扇動に付和雷同する愚かな人々の集まり、という意味で使われるならば、そのイメージからも遠い。状況の変化に応じて、各支持者はそれぞれの合理的理由からAfDを選んでいる。その選択行動を軽々しく見るべきではない。AfDを選択する固定支持層（ドイツ語でStammwähler）が成立したと見てよいのではないか。

AfDは事前の予想通り、下院初進出を果たした。しかも、CDU・CSU、SPDに次ぐ議席数で、その後の連立交渉でCDU・CSUとSPDとの間の「大連立」が再び成立したことから、最大野党となった。

ナチ・ドイツの歴史的経験から、「右」の政治勢力に著しい拒否反応を示すドイツの知的風土を、多少なりとも知る者としては、ドイツ史に一つの分水嶺が画されたとの思いを深くする。

政治の構造的な機能不全

ＡｆＤの台頭は、反ユーロ、反難民というその政治主張の内容もさることながら、政治構造の面でも、ドイツを抜き差しならない状況に追い込んでいる。

ＡｆＤの下院進出は新しい党が下院に議席を持ち、連立の組み合わせが複雑化したにとどまらない意味を持つ。そこにはＡｆＤが、ドイツでは依然としてタブー視される「右」の政治勢力という特殊事情が加わる。

これまでドイツ政治では、東ドイツの社会主義統一党（ＳＥＤ＝事実上の共産党）の流れをくむ左派党が、連立から排除される、いわば村八分の存在だった。ＡｆＤも同じである。左右両翼に、ドイツ政治の主流から排除された政治勢力ができたことで、連立の形成は一層難しくなった。ドイツ下院で過半数を確保するには、ＣＤＵ・ＣＳＵとＳＰＤのいわゆる「大連立」か、３党以上の組み合わせしかなくなった。

今回の連立交渉は、まずＳＰＤのマルティン・シュルツ党首（当時）が選挙結果が判明して早々に、新政権には加わらないことを宣言した。そのため当初試みられたのはＣＤＵ・ＣＳＵ、環境政党「緑の党」、FDPによるヤマイカ（ジャマイカ）連立（各党のシンボルカラーの組み合わせがジャマイカの国旗と同じことによる）を目指した交渉だった。

当事者が多数になればなるほど、当然摺り合わせは難しい。2か月近くにわたり交渉を続けたあげく、産業界の利益を代弁するFDPと「緑の党」の間の環境政策などを巡る対立や、CSUと緑の党の間の難民政策を巡る対立は解消せず、交渉は失敗に終わった。

この連立協議は11月19日に決裂したが、連立交渉に入ることを求めるシュタインマイヤー大統領の説得にSPDが折れ、大連立の交渉に臨むことになった。

ただ、SPDは前回2013年総選挙と同様、連立成立のためには、SPDの一般党員投票が連立交渉の結果を承認するとの条件をつけた。SPDの青年組織が反対の党内キャンペーンを張るなど、土壇場まで党員投票の帰趨《きすう》はわからなかったが、大連立賛成が過半数を占め、ようやく2018年3月14日、メルケル第4次政権が発足した。

仮に再選挙になった場合、AfDがさらに伸びると予想されていた。CDU・CSUもSPDも、やむを得ず「大連立」に追い込まれた、というのが実態だった。その間、2017年9月の総選挙から半年近い政治空白が生じたのである。

西ドイツ以来、総選挙の結果発足した新政権は、例外なく連立政権となったが、連立交渉でこれほど手間取った例はない。

第4次メルケル政権は、「大連立」政権という点では第3次政権の継続であり、メルケルはヘルムート・コール政権（1982〜98）と並ぶ長期治世を視野に入れた。

しかし、政権与党の議会での議席占有率は56％と、第3次政権の80％、さらにクルト・ゲオルク・キージンガー政権（1966〜69）での90％に比べ、はるかに低く、もはや「大連立」とは名ばかりとなっている。

CDU・CSUとSPDという右派と左派が連立を組むことは、左右の政策が接近した脱イデオロギー状況を前提としても、本来は野合である。政策に基づく政権選択の意味が失われ、国民の政治に対する白けを増すだろう。大連立はメルケル首班で3期12年に及ぶことになり、この状態の継続そのものがもはや民主主義の危機と言っても誇張ではない。しかし、この大連立に代わる新たな政党の組み合わせが見えない袋小路の状態が、危機の深さを物語っている。

対立の非妥協化と民主主義の危機

2017年総選挙の結果は、メルケル政治に対する普通の人々の反乱の性格を持つ。ただ、かつてドイツ政治がそうであったように、政党が中道右派層、中道左派層というある程度幅のある世論を糾合できれば、国民の分断を吸収し、政治の安定を維持できただろう。

しかし、とりわけ難民危機は妥協による政治を難しくした。移民・難民問題は、身近な生活空間に、慣れ親しんだ価値とは異質なものが入り込むという、いわば人々の文化的独自性(identity)、さらに言えば実存に関わる問題であり、原理的な反発を生み出しやすい。

移民・難民の受け入れを巡る対立は、すでに長年、ドイツに伏在していたが、難民危機はドイツ社会の亀裂を顕在化し、先鋭化し、治癒不可能なほど傷口を広げた。世論の分極化が妥協による政治を難しくしてしまったのである。

AfD躍進は既成政党に従来の路線からの修正を迫っている。FDPは厳しい難民政策に転じたし、総選挙でAfDに約107万票もの支持を奪われたCDU・CSUでは、メルケル路線に反発する保守派が勢力を強めている。

2018年3月14日のメルケルの首班指名投票では、賛成票は過半数を9票上回る364票にとどまり、与党(399議席)から35人がメルケルに投票しなかったと見られる。

特にCSUは2017年総選挙での得票率が38・8%と、前回比10・5ポイント減の戦後最悪の結果となった。保守色の強いCSUの地盤のバイエルン州では、難民受け入れ政策への反発が強く、CSU党首ゼーホーファーはメルケルに対し弱腰と映ったためだ。ゼーホーファーが内相となり、厳しい難民政策を掲げていることはすでに触れたが、CSUは難民政策で妥協的になることは、もはやないだろう。

一方で理想主義的なドイツの世論も健在である。緑の党は親ヨーロッパであり、難民救済に前向きな人道主義的な立場を取る。２０１７年総選挙後も10〜15％の支持率を保っている。

ＳＰＤ内にも党青年組織を中心に、理想主義的な左派の潮流も根強い。彼らはギリシャ救済、ヨーロッパの統合深化、難民の受け入れに前向きであり、大連立に踏み切った現在のアンドレア・ナーレス執行部に批判的である。ＳＰＤは、メルケル第４次政権の任期の中間点で、連立の継続を党員に問うことにしているが、左からの造反の可能性も高い。

メルケル政権は、与野党の中に左右からの先鋭化された意見対立を抱えている。

「保守革命」としてのＡｆＤ

ＡｆＤをはじめ、ヨーロッパ各国で伸長している右派ポピュリズム政党を一過性の現象と見ないもう一つの理由は、政治思想的に見ても、国家や民族重視、ナショナリズムを基軸とする右派思想（新右翼、保守主義などの表現も、ほぼ同じ意味で使う）が長い歴史的背景を持っているからである。この連続性の側面に意を用いなければ、現在起きている現象の理解もおぼつかない。

冷戦崩壊、ドイツ統一以来、４半世紀以上が経過し、ナチによるヨーロッパの破壊、共産主義を主因とする冷戦、それぞれが一応過去のものとなった。この間、省みられることが少なかった第2次世界大戦前の政治思想が、息を吹き返したと見ることも可能ではないか。今のヨーロッパが19世紀から戦間期までの状況に似てきたとの見方が可能であれば、政治思想的にも当時の思想が、ちょうど一周して、見直されたとしても不思議ではない。ヨーロッパ各国に見られる右派政治勢力の台頭は、「昨日の世界」への回帰の側面を持っている。

ヨーロッパの右派政治思想の全体を論じることは私の手に余る。ドイツの例だけを概観したい。

2017年総選挙の際、取材で訪れたベルリンで、書店に平積みになっていた『権威主義的反乱 新右翼と西洋の没落』(Volker Weiß, *Die Autoritäre Revolte, Die Neue Rechte und der Untergang des Abendlandes*, Klett-Cotta, 2017) という本をタイトルに引かれ購入してきた。

ドイツ右派思想が専門の歴史家フォルカー・ヴァイス(1972〜)が2017年に出版した本で、ヴァイマール時代(1919〜33)から続くドイツの右派思想史を辿っている。

ヴァイスによると、「新右翼」の思想は、すでに第1次、第2次世界大戦の間の戦間期のオスヴァルト・シュペングラー、エルンスト・ユンガー、エルンスト・フォン・ザロモン、アルトゥール・メラー・ファン・デン・ブルックなどの著作で語られている。

右派政治思想というとドイツの場合、ナチズムということになるが、ヴァイスはスイスの保守主義者アルミン・モーラーの見解をもとに、ナチズムとは別の新右翼の思想水脈があったことを明らかにしている。

モーラーは、ドイツの右派思想を研究する際の古典とも言える、1949年に博士号請求論文として提出、出版された『ドイツにおける保守革命 1918-1932』で、「保守革命」という概念を生み出した。この保守革命を担った人々はナチとは違う思想の系譜に連なる人たちである。モーラーは、ナチ、ホロコースト、敗戦によって傷ついたドイツ右派思想を、再び肯定的な伝統に戻そうと試みた。

ヴァイスによると、戦後のドイツ新右翼は、ソ連の独裁よりも、米、英、仏などのデカダンス（文化的衰退、道徳的退廃）の方が、軽蔑すべき、克服すべき対象という考え方をもっていた。デカダンスとは、少数者への過剰な配慮や同性婚の容認などリベラリズムの立場であり、「モーラーにとってリベラリズムこそ最も大きな悪」なのだった。

また、歴史認識問題に関して言えば、従来の右翼思想にあったホロコーストの否定ではなく、他の歴史的な民族虐殺に並置する相対化の視点が思想の中核にある。ただ、この新右翼思想は、ごく一部の知識人が担い、現実政治にはほとんど影響を持たなかった。

1986年にフライブルクで週刊新聞「若い自由（JUNGE FREIHEIT）」が創刊され、こうした思想家、運動家に言論の場を提供した。私も特派員時代、この新聞を時々手にしたが、まだ、ごく一部の右派知識人の閉じられた言語空間でしかなかった。ここに寄稿する人は、ドイツの正統的な言論世界からは除外された知識人だった。

ヴァイスによれば、2000年になって新右翼の側から反撃が開始された。2000年に研究機関「国策研究所（Institut für Staatspolitik）」が設立され、新右翼の出版物を扱うAntaiosという出版社も設立された。

2010年には、ドイツ連銀理事でSPD党員であるティロ・ザラツィン（1945〜）の『ドイツが消える——いかに我々は自分の国を危機にさらしているか』が出版され、移民がドイツを将来的に衰退させる、という見解を打ち出した。同書は150万部以上が売れるベストセラーになり、「ザラツィン現象」という言葉も生まれた。

移民・難民問題は、戦後西ドイツ以来、主要な社会問題の位置を占めてきた。ドイツ統一の直後、1990年代初めには東ヨーロッパからの大量の移民・難民がドイツに押し寄せ、排外主義の台頭が問題になった。さらに90年代の終わりには、ドイツは移民国家かどうか、二重国籍を認めるかどうかなどが議論された。

移民・難民排斥を目的とした暴力事件は、ネオナチといわれる若者グループによってしばしば引き起こされたが、2010年代の「ザラツィン現象」あたりから、移民問題を契機に、右派的な考え方がドイツ社会で拡大する兆しが生まれたように思われる。そして、2013年に

ＡｆＤが立党され、２０１５年には難民危機がドイツを覆った。

ヴァイスによれば、ＡｆＤの登場で、右派知識人が政治に働きかける機会が生まれ、これまでマージナルな思潮として追いやられていた右派思想が、大衆的な広がりを持つようになった。ＡｆＤに流れ込んでいる思想は雑多で、歴史的な右派思想で説明できるのは一部だが、第２次世界大戦後、ずっと伏在してきた右派思想が、時代状況の変化で再び一定の支持を集める条件が生まれ、顕在化した側面は軽視すべきではない。

ポピュリズムの諸相

ハンガリーではオルバン・ヴィクトル首相が率いるフィデス＝ハンガリー市民同盟（ＦＩＤＥＳＺ）が、１９９８〜２００２年、２０１０〜２０１８年８月現在、政権を担っている。

オルバンやＦＩＤＥＳＺに関しては、難民受け入れ反対、憲法裁判所の機能縮小など、その「非リベラル」な姿勢や、ＥＵに背を向けるような政策にばかり焦点が当たるが、この党の基軸にあるのは歴史に根ざしたナショナリズム、民族主義ではないかと思う。

２０１５年６月、ブダペストで取材をしたが、市内各所に歴史的偉人像が建設されているのが印象深かった。

特にブダペストの観光の目玉である国会議事堂の周りの広場などには、次々とハンガリー王

ブダペスト市内に建つハンガリー王国初代国王イシュトヴァーン1世の銅像

国時代の偉人像が再建されていた。
その一つ、ハンガリー王国のアンドラーシ・ジュラ初代首相（任期1867〜71年）の騎馬像は、1906年に建設されたが、1945年、ソ連軍の占領直後に解体されスターリン像の材料として使われた。やはり戦後ソ連占領時に撤去された王国首相ティサ・イシュトヴァーンの像も再建された。
ポーランド、ハンガリーなどは、かつて大きな版図を築いた民族である。歴史や文化に対する誇りも強い。FIDESZにも、こうした民族が隆盛を極めた時代へのノスタルジーを背負った民族主義の系譜が流れ込んでいるようだ。
一般的に東ヨーロッパの国々の方が西ヨーロッパに比べ、ナショナリズムを公然と掲げることに躊躇は少ない。それは第2次世界大戦後、事実上ソ連の支配下に置かれたこれらの国が、冷戦崩壊後にようやく国民国家を再生できて間もない、という事情もあるだろう。

どの国のポピュリズム政党にも、その国の歴史に根ざした思想史的背景があり、それを見落とすと現状も理解できない。フランスの国民戦線は、現党首のマリーヌ・ルペンが脱右翼色を強めているが、もともとアルジェリア独立反対派や王党派など様々な右派思想の系譜を汲んでいる。他方、オランダの自由党はヘールト・ウィルデルスの「一人政党」であり、右派思想とは直接のつながりはないとされている。

ヨーロッパ全体に目を向ければ、序章で述べたように根っこは類似した条件を抱えながら、様々な形で現れるポピュリズムの現状がある。

左派ポピュリズムと呼ばれる新興政治勢力は、ギリシャ、スペイン、イタリアなど南ヨーロッパ諸国に集中している。ギリシャでは、反財政緊縮策を掲げてきた急進左派連合（SYRIZA）、ベーシックインカム導入を掲げるスペインの「ポデモス」、EU離脱を掲げるイタリアの「五つ星運動」などである。共通しているのは、過激な社会的平等の主張、積極的な財政政策である。

右派ポピュリズムは、北ヨーロッパでの台頭が著しい。ドイツのAfD、フランスの国民戦線、オーストリアの自由党、オランダの自由党などがあり、すでに政権与党となった政党もある。

右派ポピュリズムは、反移民・難民、反イスラムの主張が一つの共通点だ。ユーロ危機に伴う貧困が最大の課題である南ヨーロッパに比して、北ヨーロッパはまだ経済的に余裕がある。多数の移民・難民によって、これまで慣れ親しんできた常識、習慣、文化が脅かされる、いわば「アイデンティティー・クライシス」を多くの人々が感じ始めたことが躍進の原動力である。

それに加え、1960年代末の学生反乱の時代から、徐々に支配的になってきた、弱者、少数者の保護を最優先の価値とするリベラリズムへの反発や、ポリティカル・コレクトネス（もともと偏見、差別を含まない言葉遣いの意味だったが、最近は、行き過ぎた人権主義といった意味で使われることが多い）への反旗も指摘できる。

東ヨーロッパではポーランドが「法と正義（PiS）」、ハンガリーではFIDESZが政権を取り、反移民・難民の政策などを実行に移している。これらの政党は、冷戦崩壊後、ヨーロッパの仲間入りをした新参者の国として、強い自己主張を行う傾向がある。そのときに依拠するのが自国の歴史であり、必然的にナショナリズム政党としての性格を持つ。

「この国はまだ私の国か」

ドイツは、1950年代からガストアルバイターという形で、労働者を受け入れ、彼らの多くがドイツに定住するに及んで、2000年代初めには自国を移民国家と定義した。またこの間、幾度かの難民流入の波も経験し、2015年以来、140万人超の難民を受け入れた。

ドイツ国民は今、しきりに、自分たちが考えてきたようなドイツであり続けることができるのか、国の形が変わってしまうのではないか、と問うている。2015年のメルケルの難民大量受け入れ決断は、ドイツ人自身がアイデンティティーを自問するところまできてしまった。

シュピーゲル誌（2018年4月14日号）の表紙には、「これはまだ私の国か」との言葉とともに、ドイツの民家の庭によく置いてある庭の小人（Gartenzwerg）という人形（多くは陶製）が描かれている。「庭の小人」は頭にかぶっている赤い縁なし帽子で顔の半分を覆い、不安そうに片目だけで見つめている。

普通のドイツ人の姿を象徴する「庭の小人」がこれまで築いてきた平和な日常世界である庭から、難民問題などで揺れる外の世界を見つめ、「これはまだ私の国か」とつぶやいている、という図である。

この記事によると、「移民を背景（バックグラウンド）に持つ人（本人か、両親のうち少なくとも一方がドイツ国籍を有さないで生まれた人）」の割合は22・5％（2016年）だが、都市部ではさらに割合が高い。フランクフルトでの割合は45・3％、シュトゥットガルト40・

9％、ミュンヘン39・4％、ベルリン28・0％となっている。

内なる異邦人の割合は、出生率の違いにより今後も増大していく。

特に出生率の違いについて、移民を背景に持たない女性（我々がイメージするドイツ人女性だろう）の出生率は1・2なのに対して、移民を背景に持つ女性の中でも、自分自身でドイツにやってきた人（移民・難民としてドイツにやってきた女性だろう）の出生率は1・6とかなり高いことを指摘している。移民を背景に持つ人口は、5歳未満では38％に達する。

シュピーゲル誌は「人々は自分の故郷が10年、20年、30年先にどうなっているのか問うている」と書いている。数十年後にはもはや我々がイメージするドイツ人、ドイツの風景はまったく変わっているかもしれない。

ベルリンの基礎学校（Grundschule＝日本の小学校に当たる）で、家庭でドイツ語が話されていない生徒の割合は43％、ブレーメン市で41％、ハンブルク市で22％に達する（もっとも、バイエルン州では11％、シュレースヴィヒ・ホルシュタイン州では4％と低い）。

私が1999年、ベルリンのクロイツベルク地区やノイケルン地区というトルコ人の集住地区の基礎学校を取材したときも、すでに、「ドイツ語を母国語としない生徒」が9割近い学校もあった。これらの生徒の多くは、きちんとした文法のドイツ語を話すことができず、教師たちも教えるのに苦労していた。

ドイツ人の家庭も、子供が学齢期になると、そうした集住地区は避け、地区外に転出するから、トルコ系の集住化が一層進むことになる。

シュピーゲル誌の記事は、ドイツ人の自問を生むいくつかの例を挙げている。

ハンブルク市ホルン地区にある教会がモスクに改築された。教会からの信者離れ、信者の高齢化などで過去16年間、この教会は使われていなかった。ドイツ全土でキリスト教徒減少のため多くの教会が廃止される一方で、モスクの数は増加している。

バーデン・ヴュルテンベルク州ジクマリンゲンの、ある企業家の自宅は、難民収容所と市街を結ぶ道に面しており、庭先にゴミを捨てられたり、娘が性的ないたずらに遭うなどの不快で不安な生活を余儀なくされている。この企業家が長期出張する際は、不安なので妻と娘をホテルや親族の家に泊まらせている。この企業家はＣＤＵを脱退し、２０１７年総選挙ではＡｆＤに投票した。

「こうした企業家のように多くの人がＣＤＵに背を向けた。それはたくさんの難民を受け入れたから、というよりも文化的な疎外感からだった。こうした人々は、確かに難民を恐れているが、それに加えて、新しいドイツ人（移民・難民）を、ドイツを豊かにするものとして見るべきだとする（現代ドイツの）支配的文化に嫌悪感を持っている」とシュピーゲル誌は書いている。

ヨーロッパの奇妙な死

難民危機を受けて、ヨーロッパの論調には、ヨーロッパ文明そのものに関する悲観論も出ている。

英国のジャーナリスト、ダグラス・マレーは『欧州の奇妙な死』(Douglas Murray, *The strange death of Europe*, Bloomsbury, 2017)で、「難民・移民の大量流入で、ヨーロッパ文明は自殺の過程にあり、我々が生きている間にヨーロッパはヨーロッパでなくなるだろう」と書く。

マレーによれば、そのわけは二つのことの連鎖による。

一つめは、ヨーロッパへ移動する人々の数が大量であることだ。元々、第2次世界大戦後の労働力不足を補うための移民の導入だったが、その移動を止めることができなくなった。その結果、ヨーロッパは世界中の人々の住む場所と化し、英国内のパキスタン人居住区はパキスタンとまったく同じになった。

ヨーロッパ人は何とかこうした状態が機能すると思い込もうとした。「移民は普通のことだ、数世代経てば同化は実現するだろう」とか、逆に「同化が実現しなくてもかまわない」といった風にである。結局そうした社会は機能しないというのが、難民危機後の結論とマレーは書く。

二つめは、ヨーロッパが自分の伝統と正統性に確信を失ったことである。ヨーロッパ人は過去の罪（植民地支配や両世界大戦）にとらわれており、自分自身に自信が持てないという存在論的、文明的疲労に陥っている。ちょうどそのときに難民大量流入が起きた。

もし強く確信を持った文化であれば、大量の人々の流入もうまく対処できたかもしれない。かつてのヨーロッパのアイデンティティーは哲学など深い根があったが、今やその倫理として信じているのは、「敬意」「寛容」「多様性」といった価値である。

「このような薄い自己規定で数年はやっていけるかもしれない。しかし社会が長期にわたって存続するために必要な深い忠誠心を生むことはできない。これがヨーロッパ文化が生き残れない一つの理由だ」とマレーは書いている。


楽観的な長期シナリオを描けば、移民・難民をヨーロッパ各国の社会に同化することで、労働人口不足の解消、そして少子高齢化の緩和を可能とする。さらに難民は中東、アフリカ諸国とヨーロッパの懸け橋となる人材として将来大きな資産となる可能性もある。

しかし、現状は、民族的、文化的背景を異にした集団どうしの共存に関して悲観的にならざるを得ない。移民・難民の社会への同化は、長期的には失敗し、社会の摩擦、テロの危険性が増大し、長期的には経済にも打撃を与える可能性がある。中東諸国の抱える対立が持ち込まれ、異なる宗教間、民族間の紛争が国内でも勃発するのではないか。すでにその萌芽がある。ドイツの場合、トルコ系の政党が台頭することすらあるかもしれない。

人の移動のグローバル化と、それに対してどのような姿勢を取るかが、世界の国々の行く末を一番深いところで決めるだろう。多文化主義もその対応の一つだろうが、ヨーロッパ、なかんずくドイツの現状は、それが社会に深刻な不安と分断を生むことを示している。

第3章 ユーロが生む貧困と格差

緊縮財政の罪

難民危機に加え、もう一つヨーロッパに内在化された脅威がある。共通通貨ユーロの構造的欠陥がもたらしたユーロ危機である。

ヨーロッパの経済強国ドイツが好況に沸くのとは裏腹に、南ヨーロッパは債務危機を克服できず、長期の不況と失業率の増大、人口の流出に苦しむ。

競争力のあるドイツ企業は為替安定のメリットを享受して、ユーロ圏を一大市場かつ投資先として活用し、圏外の市場に対しては、相対的なユーロ安に助けられて輸出に拍車をかけた。反対に、ギリシャを始め南ヨーロッパ諸国は財政破綻の縁に立たされ、経済再建の条件とされた緊縮財政策で、公共部門の縮小、高失業率、人口の流出を生んだ。

この南北格差は、難民問題に加え、それぞれの国で右派、左派ポピュリズム政党が台頭する背景となっている。ドイツではドイツのカネで債務危機国を支援することへの反発、ギリシャ、イタリアなどでは、経済苦境の元凶と見なされた緊縮財政策への反発が背景となった。

ユーロ危機の過程で、ドイツは近代的な徴税システムも満足に機能させられないギリシャの怠惰をなじったし、ギリシャは緊縮策を押しつけるドイツの傲慢を嫌悪した。身もふたもないが、ドイツとギリシャに代表される生活態度（modus vivendi）が、異なる国が一つの通貨圏を持ったのがそもそも間違いだったのである。

危機をより深刻にした要因として、ドイツの均衡財政への原理主義的こだわりがある。ヴァイマール時代の破局的なハイパーインフレがナチ台頭を招いたとの教訓に基づき、インフレの原因となる放漫財政には、理屈抜きに拒否反応を示すのがドイツ人である。

こうしたドイツの財政政策に対して諸外国から、もっと積極的な財政出動を求める声が繰り返し提起された。しかし、ドイツ人は頑固だし、加えて、２００９年には基本法（憲法）を改正し、財政規律の厳格化を規定している。ドイツ政府が積極的な財政政策をとる余地はますます狭まっている。

それが、これから述べるように、医療福祉が劣化するギリシャと、社会的基盤（インフラ）が劣化するドイツの双方を生んだ大きな要因となった。

危機8年目のギリシャ

第I部で訪ねたエーゲ海のレスボス島から、アテネへと飛んだ。2017年9月13日午後7時過ぎに到着し、空港に隣接した鉄道駅から市内へと向かった。

電化された鉄道は2004年のアテネオリンピックの際に建設されたもので、アテネ市内の崩れかけたようなインフラに比べるとまだ真新しい感じがする。しかし、本数は少ないし、のんびりとした各駅停車で、アテネ中心部まで40分かかった。乗っているうちに車窓の景色はすっかり闇に覆われた。

2009年10月、ギリシャの国家財政赤字が、それまでの発表よりも大幅に高いことが発表され、それをきっかけに、ギリシャ国債が暴落した。ギリシャ国家財政破綻（デフォルト）危機、イタリア、スペインなど南ヨーロッパ諸国の財政危機にまで拡大したユーロ危機の発端だった。

その後の経緯について詳述は省くが、国家財政破綻の縁に立つギリシャ財政を、トロイカ（EU、欧州中央銀行＝ECB、国際通貨基金＝IMFの3機関）が支える一方で、支援の条件としてギリシャ政府に緊縮財政を求めるのが、基本的な危機打開の処方箋だった。

しかし、緊縮財政の実行でギリシャ経済は危機前に比較して26％縮小し、失業率は大幅に上昇した。特に若年層（15〜24歳）は深刻で、２０１３年には58・３％に達した。以降、やや改善されたが、２０１７年は43・６％と依然として高い（ちなみにドイツは２０１７年６・８％）。

多くの人が職を求めて国外に移住し、２０１１年から16年までの間に人口は３％、約34万人減った。


ギリシャに来るのは３回目だった。過去２回はそれぞれ、ユーロ危機が深刻化した最中の取材のためだった。

１回目は２０１１年11月で、パパンドレウ首相がユーロ圏にとどまるかどうかを問う国民投票を実施する計画を明らかにし、政治的混乱が生じた。

２回目は２０１２年６月。ギリシャ議会の選挙で、反緊縮路線を掲げる急進左派連合（ＳＹＲＩＺＡ）が勝利するかどうかが焦点だった。いずれも政治的混乱がユーロ危機を悪化させ、国家破綻に至ることも想定される事態だった。

それぞれ何とか危機を回避したが、その後も不安定な政治状況は続き、２０１５年７月の第２次金融支援の期限切れを前にした欧州理事会で、ギリシャがユーロを離脱する寸前まで行った。ぎりぎりの交渉で、急進左派連合のギリシャ首相アレクシス・チプラスが折れて、厳しい緊縮策を受け入れたため、第３次金融支援の実施が決まり、国家破綻は回避された。

その後、２０１７年７月、ギリシャ政府が30億ユーロ（３９００億円）の国債を発行できたことは、財政再建の成果を物語るとする報道もあった。

危機発生から８年経つギリシャの現状は、どうなっているのだろう。アテネではギリシャ債務危機の現状を、少しでも実感として知りたいと思っていた。

深刻な医師の国外流出

読売新聞は大学生のデミトリス・ムツオスに、ギリシャでの取材の際、事前の手配や通訳を依頼している。

インタビューに答える公立病院従業員連盟代表のミカリス

ムツオスがまず手配していたインタビューの相手は、公立病院従業員連盟(Poedin)代表のヤナコス・ミカリス(55)だった。
ネットでPoedinを検索すると、この労働組合は、公的医療の削減に対し、頻繁にストライキやデモなどを行っていることがわかる。２０１８年４月にも予算削減に対して、病院からの機材の持ち出しを阻止するため、入口を封鎖するなどの抗議活動を行った。

アテネでの2日目、14日午前に地下鉄を乗り継いで訪れた連盟の本部事務所は、下町の雰囲気があるアリストテロオス通りの古い雑居ビルにあった。事務所のある2階に上がると、待遇改善を呼びかけるためのものだろうか、過去の様々なポスターが壁一面に掲げられていた。窓の外から頻繁に自動車のクラクションの音が響き、町のちょっと雑然とした雰囲気が伝わってきた。

ミカリスが強調したのは、緊縮財政が公的医療制度（public healthcare system）を劣化させ、国民の健康をむしばんでいる実態だった。

「ギリシャの公的医療制度の予算は80億ユーロ（約1兆円。ちなみに日本の国民医療費は40兆円を超えた）だが、国内総生産（GDP）の5％で他のEU諸国の平均7・5％に比して低い。ギリシャもユーロ危機の前は8％支出していた。つまり、3％削減された。金持ちは民間の制度を使えばいいが、公的医療制度は崩壊しつつある」とミカリスは前置きし、具体的な例を列挙した。

「全国で3000の集中治療室（ICU）が必要だが（数字がやや大きいようにも思えるが日本で考えるようなICUよりは水準が低い設備かもしれない）、500が機能しているにすぎない。ICUによる治療が受けられず、毎年5000人が死亡している。

癌《がん》の放射線治療機器は全国で70台が必要だが20台しかない。治療の待ち時間は4か月になる。年間1万3000人が癌で死亡しているが、満足な治療ができない。大きな財団により寄贈された10台は、医者が不足しているために動かせない。公立病院には長い列ができている。平均待ち時間は8時間にもなる。院内感染が多く、他のヨーロッパ諸国の3倍。毎年3000人が死んでいる。

病院に行く前にかかる診療所が全国に200か所ある。薬などを処方し、流行病を防止するためにも重要だが、教会が寄付を集めて運営している」

当然、医療従事者にしわ寄せが行く。彼らの国外流出が続いている。

「過去7年間（ギリシャでは危機の本格化は2010年以降との認識があるようだ）で医療従事者3万人が退職するか他国に流出し、5000人が採用された。現在、全従業員数は6万2000人だが、2万5000人の欠員がある。超過勤務が日常化している。

看護師への給料は10～20年勤続で900ユーロ（約12万円）、医師の初任給は680ユーロで、平均すると1200ユーロ＋超過勤務代の500ユーロ。過去7年間に給料は40％下がった。民間の平均賃金は1000ユーロで、大きな差はない。

こんな状況なので、医療従事者はドイツ、スウェーデン、英国など、医療の分野によって一番よい給料を得られるところへ流出している」

自国政府こそ問題との自覚

この現状を変えるにはどうすればいいのか。

「政府の処方箋は完全に間違っている。貧困層だけに負担を押しつけている。もっと多くの人間が税金を払わねばならない。ユーロに関して言えば改革は必要だが、一番の問題はこの腐敗したシステムであり、外国ではない。

2015年1月に発足した急進左派連合の現政権は、一つの法律で緊縮をやめることができると言った。しかし、結局同じ政策をとらざるを得ない。外国人、IMF、EU、ドイツ人をあたかも悪魔と見たり、ドイツ財務相（当時）のヴォルフガング・ショイブレをスケープゴートにするのは賢明な政策ではない。

政府が、ギリシャは全てがうまくいっている、日に日によくなっていると国民に説明したのは間違いだった。それでトロイカ（前出）が求める緊縮政策への批判ができなくなった。医療制度の予算を増やせと強く言えなくなってしまった。

トロイカに服することは望ましくはない。しかしこれは現実であり、変えることはできない。その上で緊縮を緩めることができれば、それはいいことだ。トロイカが求める、2022年までの3・5％の基礎的財政収支黒字（primary surplus）を1％にすべきだ。3・5％の目標を堅持するなら、少なくとも1％は公的医療制度に回すべきだ。

ただ、ギリシャ国家の管理が効率的でないことが最大の問題だ。もし緊縮を緩めたとしても、同じ問題は再び起こる。政府は脱税を防ぐなど、効率的な税制を築く意思に欠けている。富裕層に手をつけようとしないのが問題だ。

過去7年間、何も変わらなかった。２０１５年に（急進左派連合の新政権は）多くの約束をしたが、無為のまま時間が経つだけだった。統計によると再び、被雇用者、低所得層、年金受給者が最も税金を負担している」

ミカリスの説明する通りだとすると、医療分野の窮状は深刻だ。結局、ギリシャ人が自国のシステムを改革しなければ根本的な解決はない、という主張もまったくその通りだろう。

インタビューを終え、町のカフェで一息つきながら、ムツオスと話していると、彼はこんな風に言った。

「ギリシャ人の間には我々自身がしっかりしなければならない、という意識も生まれている。緊縮策の見直しを掲げる急進左派連合が政権に就いたが、結局できることは緊縮策を守ることでしかない。トロイカが示す再建策以外に、夢のようなギリシャ再建策はない、ということがようやくギリシャ人にも自覚されてきた」

病院に突撃取材

病院の現場の実態を調べたい。しかし、ムツオスは、病院や医師との予約は取れていない、と言う。

病院に取材を申し込むのは難しい、実際に病院に行って、医師をつかまえて話を聞くしかない、と彼が言うので、市中心部の米国大使館近くにある総合病院に行ったが、入口から出入りする医師などいない。患者数も多く、外国の新聞記者に時間を割くことなどあり得ないように思えた。

保健省などを管轄する役所を通じて申し込んでおけばよかったのではないかと思ったが、ギリシャでの取材経験はわずかしかない私が、ムツオスに苦言を呈することもはばかられたし、今更間に合わない。

住宅街の病院ならばもう少し余裕があるかもしれない、とムツオスは言う。タクシーを拾い郊外へと向かった。

10分程度走っただろうか、ネア・イオニア地区の丘の中腹にあるコンスタントポウリオ総合病院に着いた。周辺は落ち着いた住宅街で、こぢんまりとした病院だった。

受付で事務局長に会えるかどうか尋ねると、マリア・カジココラキ事務次長（52）が会うとのこと。

コンスタントポウリオ総合病院の入口

カジココラキは私とムツオスを事務室に招き入れると、私の質問に、ムツオスの通訳の時間も含め40分余り答えた。ギリシャでは規則通りに物事が進まない代わりに、融通が利くところがあるのかもしれない。とはいっても、こんな飛び込み取材が受け入れられたのは、幸運だったのだろう。

カジココラキは英語を少し解し、歯切れのいい話し方をする女性だった。

この病院は、三つの病院が統合して数年前に発足した。彼女は1年前、2016年9月に配属になったばかりだという。彼女の話を要約すると次の通りだ。

「当病院の今年の年間予算は、約1700万ユーロ(約22億円)で、昨年より142万8000ユーロ少なく、率にして7・75%のマイナスだった。

どの分野も削られた。診療できる患者数が制限さ

コンスタントポウリオ総合病院事務次長のカジコココラキ

れた。ギリシャには英国のようなプライマリーケアーの制度がないため、病院が分担して初診の患者を受け入れている。予算があれば、もっと多くの予約を受けられるかもしれないが、ただ、予算削減で何人の患者を受け入れられなかったか、一概に言うのは難しい。

過去7年間で給与が40%減額されたことはPoedinのミカリスが言った通りだ。ユーロ危機前のよき時代は、事務局長は多額の給料を受け取っていた。危機の後、人事を刷新した。私の月給は1600ユーロ（20万8000円）。

もう地位を築いた医者は、家族を持っているし、アテネにとどまるが、若い医者はよい仕事を求めて外国に出ている」

トロイカによる緊縮財政策をどう思うか、聞いた。

「外国人はギリシャの現実を知らない。従って、ギリシャの現実に合った政策をとるのは非常に難しい。失業がこんなにたくさん増えたのは判断の間違い。家庭の崩壊や自殺の増加が見られた」と批判的だった。

インタビューの最後に、どこか予算や人員不足に悩む部署を案内してもらえないか、写真も撮りたいのだが、と聞いてみた。意外なことに彼女は快諾し、机上の電話の受話器を取り上げると、誰かに指示を与えた。1人の事務員の男性がやってきて、我々を案内してくれることになった。

「寄付がなければ何もない」

2階に上がって向かった先はコンピューター断層撮影（computer tomography）装置の科だった。

白衣姿の検査技師ペトロス・マニアティス（55）も英語を話す人だった。ここのCT装置2機は両方とも2012年に地元のロータリークラブが寄付した。

「国家予算に頼っていては、ここの部門は何もない（empty, nothing と彼は英語で言った）。人員も現在技師7人、医師4人が勤務しているが、本来であれば、医師は12人必要。看護師は3人勤務しているが、本来は5人必要」と言う。

もっとも、メンテナンス費用は国家予算から支払われている。

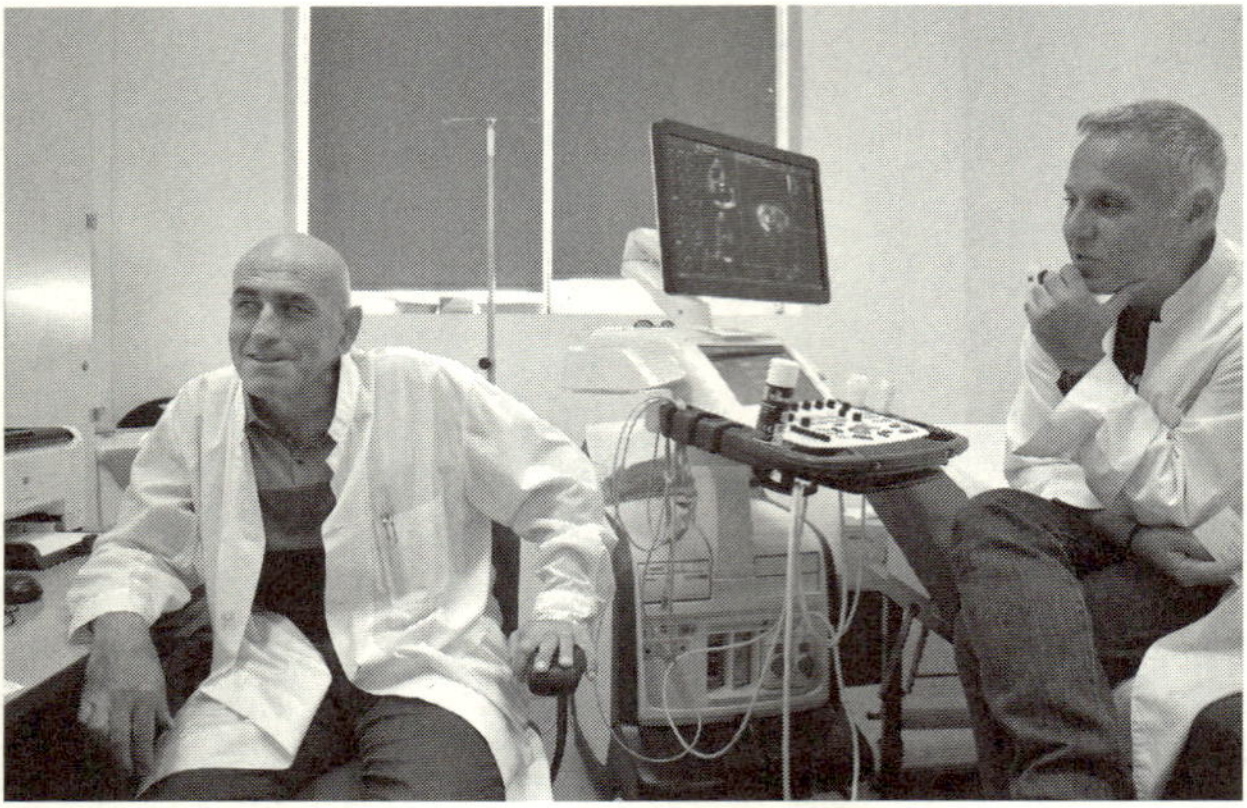
心電図測定装置を前に話をするパチリナコス(左)

予算があれば、もっと患者を診察できるし、インターベンション治療（カテーテル治療）もできる。ただ、そういうところはギリシャでも最先端の医療施設で、CT装置はギリシャで一般的とは言えない。インターベンションを行っているギリシャの病院はほとんどない、とのことだった。

廊下で患者が診察の順番を待ち、白衣を着た医師や看護師が行き交うところは、日本と変わらない。ただ、全体に薄汚れているし、のんびりしている感じだ。日本のどんな地方の病院でも、もっと衛生的だし、明るいし、機材も高度なものが備えられているだろう。

隣は心電図測定装置の部屋だった。その科の長であるソティリス・パチリナコス（52）は、いかにもクセのあるギリシャ人だった。

ムツオスがギリシャ語で取材の趣旨を説明して、私が「この機器にも問題があるか」と英語で聞くと、「どの機器のことだ。なぜそんなことを聞く」というぶっきらぼうな返事が英語で返ってきた。

「カジココラキ事務次長が、予算不足で機器が作動しないと言っていたので」と説明すると、心臓超音波検査装置を背に「5機の心電図測定装置がある。この最新の装置は時々問題が起きるだけだが、他の部屋にある機械は稼働していない。予算が足りないため」と話し出した。

「ほとんどの機械が寄付されたもので、過去10年間で500万ユーロ（6億4000万円）相当の寄付があった。この機械はロータリークラブからだが、他の機械は神からの贈り物」とパチリナコスは冗談を言って、周りの人間が大笑いした。クセはあるがおもしろい人物ではあった。

「地域ではよく知られた、多くの金持ちからの寄付があった。ある高齢の女性は瀕死《ひんし》だったが、この病院で手術を受け元気になった。150万ユーロで、最新鋭の心臓超音波検査装置を寄付してくれた」

パチリナコスが私に、「何のためにギリシャに来たか」と聞くので、「ギリシャは過去8年間、危機に直面したが、最近少しよくなったと聞く。状況を取材しに来た」と言うと、「それは正しくない」と言って熱弁が始まった。

「国家が国民のポケットからカネを奪い、国庫の中身が増えたからといって問題が解決したと言えるか。国民のポケットをいっぱいにするのが解決だ。何も新しいものが生み出されていない。新しいものを創造しなければ危機から脱出できない。

投資や職場の数が減りながら、経済が上向いているというのは、一体どういうことか？ それが説明できるならば、ノーベル賞ものだ（ここでも皆が笑った）。私が日本の首相だとして、多くの企業が倒産しても日本の経済はよくなっている、国家財政が黒字になったからだ、と言ったらどう考える？

タクシーの数だけは増えた。政府がやったことはタクシーを増やしたこと。毎日新しいタクシーが生まれている。本当にそれだけだ。

経済学は科学ではない。物理学、化学、機械工学は科学だが、経済学は描きたいように現実を描くだけ。町に出て誰にでも聞くといいが、昨年より職場がよい条件になったと言う人はいない。私はとても怒っている。だからこんな話し方をするのだが、私は52歳で馬鹿者ではない。しかし、ギリシャ国民は皆、馬鹿で盲目だ」

「何かよい解決策はあるのか」と重ねて聞くと、パチリナコスは「まじめに働き、民間のカネから新しいものを生み出すしかない。この病院の人間は危機の中で何か生み出そうと努力している。我々は新しい部署を作り、新しい活動を開拓している。

ギリシャの政治家は国を愛していない。彼らは誰か他の人間のために働いている。政治家は国民を分断している」と答えた。

パチリナコスの悲憤慷慨《ひふんこうがい》は続いたが、患者を待たしているのではないかと気になってきたので、30分ほどして切り上げることにした。

この病院の取材から推測するに、ギリシャにはもともと寄付文化というようなものがあったのではないか。政府の機能が弱く、公共サービスが貧弱なので、金持ちが一部それを肩代わりする、といった慣習が。ただ、ユーロ危機のために、寄付に依存する度合いは高まったことは確かなのだろう。

回復していないギリシャ経済

医療の現状だけでなく、現政権への評価や、ギリシャの置かれた国際環境などについて話を聞けないか。ムツオスが、ギリシャではテレビの討論番組などによく出演しているジャーナリストのヤニス・プレテンデーリス（63）がふさわしいと言うので、市街地にある彼の事務所に赴いた。

大きな通りに面した雑居ビルの一室だったが、ビルの入口にはいかつい、よく欧米の歓楽街にあるナイトクラブの入口に立っているようなボディーガードが2人立って、出入りをチェッ

ジャーナリストのプレテンデーリス

クしていた。何か危うい事業に関与しているテナントがこのビルに入っているのだろうか。アテネ市中心部のオフィスビルにしてはマフィアの事務所のような場違いの雰囲気だったが、これがギリシャの持つ一面なのだろう。

案内されたのは、まだ引っ越したばかりということで、本も資料もほとんどない殺風景な部屋だった。

プレテンデーリスは白髪の、めがねをかけた、ギリシャを代表するジャーナリストというだけあって頭脳明晰《ずのうめいせき》な人だった。

まず、こちらの訪問の意図を聞いて、「ではギリシャの経済回復の状況から始めようか」と前置きして、話し始めた。

「誰もギリシャ経済が回復したとは言わないだろう。二つの評価がある。経済はこれから数か月後には上向く、という政府の評価。もう一つは、政府の方針は成長や完全雇用に逆行するから、この政府がなくならないうちはよくならない、という野党の評価だ。

どのように回復するかを巡っても、二つの反対の意見がある。政府は我々を信用しろ、そうすれば回復すると言う。一方、野党は政府を替えろ、我々が政権に復帰すれば、回復すると言う。ただ、確かなのは、誰も経済が回復したとは思っていないことだ。経済が安定化したとすら思わない。

7年の危機を経て、GDPは25～30％マイナスという大変な落ち込みようだ。誰もこの損失を数年で取り戻せるとは思わない。再建は長い過程であり、目標だ」

私が「2017年7月、30億ユーロの国債を発行できたことは財政再建を物語るのではないか」と聞くと、その考えを一蹴した。

「国債発行は経済がよくなった兆候ではない。2年前、前政権が発行した古い国債の資本の再構成（recapitalize）をしただけだ。20億、30億ユーロでたいした額ではなく、利率は4・8％と非常に高い。政府自身ですら、国際市場に行って国債を発行することができると信じていない。数年後はわからないが、今のところは、それは不可能だ」

私は「経済危機は何が原因なのか、どうすればいいのか」と聞いた。

「経済悪化の元凶は国家の破産だ。ギリシャ経済は2009年に破産した。支払い不能になったから経済危機になったことに異論はない。これが原因。

薬、つまり処方箋については全く正反対の考えがある。メモランダム（EU、ECB、IMFとギリシャ政府が交わした緊縮財政策に関する合意文書）は事態を悪化させたと言う人もいれば、正しい薬と言う人もいる。真実は両者の間のどこかだろう。

メモランダムのスケジュールには多くの問題があった。一方で緊縮に沿わねば前に進めない現実も無視できない。何が正しい規模で、方向で、効果か、ということについて私はわからない。

私の理解では、最も大きいのは、実行の問題。プログラムの設計の問題ではない。困難に逢着している社会が、楽しくない処方箋を実行するのは非常に難しい。また、一層難しいのは、ギリシャ社会がこれまで、変革志向だったことは一度もなかったことだ。ギリシャはそう簡単に改革できる社会ではない。私は単純に緊縮策が必要ない、などと言う人間ではない。緊縮策は必要だ。

結局、成長、成長、成長（3度繰り返した）しかギリシャ経済を救う道はない。政府が民間の投資に対してあまり好意的でなかったことは問題だった。我々には何でも必要。投資、雇用、内需、輸出……。ただ、目標としては成長、成長、成長。他にはない」

中道をゆっくり進む欧州統合

少し話を広げて、プレテンデーリスのヨーロッパ統合に関する考え方を聞いた。

「違ったレベルの統合がある共同体を目指すべきだ。現にあるユーロ、シェンゲン協定、ユーロポール（欧州刑事警察機構）、共通防衛なども、ＥＵ加盟国全部が参加しているわけではない。有志だけが加わるタイプのモデルが今後拡大していくだろう。

ヨーロッパではそれぞれの国が多様な政治的イデオロギー、認識、考え方を持つが、常識的な道を歩むしかない。走って急ぐ統合は誰も求めていないが、後退もしたくない。ゆっくりと真ん中の道を歩むしかない。中道の道が勝利するだろう。

最近の選挙を見ると、ポピュリストが来た、と言っていたが、何も起こらなかった。最終的には中道に投票した（オーストリア、チェコ、イタリアでポピュリズム政党が与党になったのはこの取材後である）。これがヨーロッパの政治文化だ。極端な解決に進もうとするヨーロッパの国は多くない。ヨーロッパが分裂し、戦争をした時代に戻ろうとする人間が多いとは思わない。

ドイツは最近『ためらうリーダー（reluctant leader）』と呼ばれた。ドイツがヨーロッパを支配しようとしているとは思わない。ドイツは強く、豊かで、よく組織された、大きな国だ。ただ、ヒトラーのメンタリティーが今のドイツにあるとは思わない。

一方で、ＥＵのような実験をやるのなら誰かが率いなければならない。リーダーは皆で選ぶのが望ましいが、それができないなら、より強い者がリーダーになるべきだ。ドイツは今や事実上（de facto）のリーダーだ。誰もメルケルをヨーロッパの首相に選んではいないが、フランスは弱く、英国はEUを離脱した。

ドイツがもう少しためらうことなくリードしてほしい。キッシンジャーが『ヨーロッパでは誰に電話をしたらいいのか』と言ったが、我々は一つの電話番号が必要だ。ベルリンでもパリでもかまわない。ヨーロッパの指導者を選ぶ選挙があるのが望ましいが、それまでは誰かがリードしなければならない。

ギリシャには非常に強い反ドイツの雰囲気があるが、私は根っからのヨーロッパ人だ。ギリシャにはロシアの脅威はない。トルコだけ。しかし、トルコが戦争を仕掛けてくるとは思っていない。トルコはイラク、シリア、クルド人と戦争をしている。もう一つの戦争をしようとは思わないだろう。多すぎる。

ピレウス港（アテネ近郊のギリシャ最大の貿易港）の最大の投資者は中国。ただ、中国が脅威という認識はない。何百万という中国人が来るわけではないし、投資そのものを脅威とは言えない。ドイツは競争力が失われることを心配しているだろうが、我々は中国とは競争していない。アテネには少し中国人がいるが、とてもよい人たちだ」

言うまでもなく、プレテンデーリスの見方が、ギリシャを代表するわけではない。どちらかと言えばギリシャの親ヨーロッパ派、開明派の考え方だろう。

多様なスピードでのヨーロッパ統合に関しては、ポーランドなどは加盟国を差別化するものとして強硬に反対している。ポーランドほどの国であれば、EUの意思決定にかなり影響力を行使できると考え、ドイツ、フランスから二流加盟国扱いされることは拒否するだろうが、ギリシャはそうした地位への執着はない。ギリシャにとってEUについて最大の関心は、財政的な支援をどれだけ引き出せるか、だろう。

ギリシャのしたたかさ

アテネの町を歩くと、歩道には足がすっぽり入るくらいの穴が開いていたり、タクシーがぼろぼろの車両だったりする。もとより日本やドイツのような整然とした社会ではないのだが、といって若者の失業率が50％近くもあるのか、といぶかしくも思う。アテネ市内に限った話ではあるが、町に失業者があふれているといった光景はないし、いたってのんびりした日常が続いているからだ。

仕事に就けない若者は、ツテを頼って小遣い稼ぎの労働をして、かつかつの収入を得ており、それらはほとんどが闇労働によるもので統計上は表れないという側面はありそうだ。国際労働機関（ＩＬＯ）の報告書によれば、ギリシャの闇経済の規模（２０１３年）は対ＧＤＰ比で24％にも達する。ちなみにスイスが7％で最も低く、ドイツは13％、イタリアは21％である。

縁故資本主義ともいわれるギリシャの経済システムは、表面的な数字では推し量れない、融

大学生のナカ（左）、コーディネーター兼通訳のムツオス

通性を持っているのかもしれない。

時間は前後するが、アテネ空港に到着した当日夜、ムツオスとアテネ市の中心にあるシンタグマ駅で待ち合わせ、彼の友人の女子大生に話を聞くことにした。

大勢の人々が行き交う、賑《にぎ》やかな広場の雰囲気は、過去2回訪れたときと大きな変化はなかった。むしろ、気のせいか広場の周辺は新しい店もできてこざっぱりしたような印象さえある。

ムツオスと女子大生のクリスティナ・ナカ（22）と、最近できたばかりというギリシャ料理のレストランに入った。

彼女の顔は、アルカイック期のギリシャ彫刻を想起させた。はるか古代からのギリシャ民族の血が流れているのではないか、と思った。

演劇を大学で学び、今求職中という。家は観光客を相手に宝石などを売る店を経営しているとのことで、ギリシャでは恵まれた家庭なのだろう。

「今はアテネにいたいが、そのうちチャンスがあれば、外国で勉強したい。友人がいるオランダを考えている。英語しかできないので、英国もいいかもしれない」と言う。

彼女はアテネの若者は難民問題にも、ドイツによる緊縮政策の「押しつけ」にも関心がない、と言った。

「関心があるのは、自分の人生で何をするか。アテネ市内には小さな難民キャンプがあるだけで、難民問題はどこか遠いところで起きている話。難民たちは2015年夏もアテネから列車に乗り、（北部の町）テッサロニキに向かい（マケドニアなどとの）国境を目指した。だからアテネには多くはいなかった」といった話だった。

こちらが勝手に思い描いていた苦学生ではなく、のんびりとした話で拍子抜けした。

同時に、生活苦とはまったく無縁に見える彼女の姿は、ギリシャの持つしたたかさを物語っているようにも思えた。

崩落の危険で橋が通行止めに

財政均衡が望ましいというドイツ人の信念は強固だ。しかし、ドイツ政府がもっとカネを使って、ドイツのみならずヨーロッパ全体の経済を底上げしなければならないという要請は、ヨーロッパの他国や米国などから繰り返し提起されてきた。

ドイツ一国が経済的に繁栄しても本来は意味がない。EU（ユーロ）経済圏全体が、バランスのよい発展をすることが本来はあるべき姿だろう。しかし、その意識はドイツ人の間に育ってはいない。

むしろ、ドイツ経済が独り勝ち状態であることを、ドイツの高い技術力の証明として誇る気配が濃厚である。緊縮財政への拘泥も、それが強者の論理に陥りかねないことを省みる雰囲気はほとんどない。

場面はドイツに飛ぶ。

緊縮財政は、ドイツ国内にも否定的な影響を及ぼしている。インフラストラクチャー（社会的基盤）の劣化である。

この問題はドイツのメディアも、改修されない学校施設、穴ぼこだらけの道路などを格好の例としてしばしば取り上げている。

2017年9月17日、私はベルリンからドイツ西部ノルトライン・ヴェストファーレン州に向かった。終章で述べる、中国と鉄道で結ばれたデュースブルクの取材が主目的だったが、そ

レヴァークーゼン市内に架かる1号線の橋梁

の前にレヴァークーゼン市中央駅に降り立った。

ライン川に架かる橋が老朽化して危険なため、通行止めになるものが相次いでいる、との報道を目にしていたので、その橋を実際に見てみようと思ったのである。

レヴァークーゼン市内でアウトバーン（高速道路）1号線はライン川をまたぐが、つり橋の固定装置に亀裂が見つかったため、2012年以降、3・5トンを超える車両の通行が禁止されているという。

中央駅を降りて、市街地を抜け、ライン川のほとりに出た。そこから川岸を北に向かって歩いていけば、1号線の橋があるはずだ。

初秋の気持ちのよい快晴の日曜日だった。彼方に大きな化学工場が遠望され、ライン川をコンテナ船がゆっくりと通り過ぎていく。川辺でのんびりと釣りをしている人もいる。

1号線の橋の通行制限を知らせる交通標識

やがて1号線の橋梁《きょうりょう》が見えてきた。土手に上がり、自転車や歩行者用の橋に出て車道をうかがうと、多数の車が行き来していて、特段通行制限されている印象はない。

しかし、どこかに通行制限を知らせる看板があるだろうと思い、周囲を歩き回ると、橋に通じる道路の入り口に「橋破損　3・5トン、横幅2・3mを超える車両は通行禁止」という看板が立っていた。それを写真に収めて、また歩いて中央駅まで帰ってきた。

下流のデュースブルクにある橋も、同様の理由で2017年8月から通行が制限されている。デュースブルクを取材した際、タクシーに乗ったら、女性運転手は、「橋が使えなくなったので、市街地の小さな路地を抜けていかねばならず大変だ」と嘆いていた。

フィナンシャル・タイムズ紙（2017年8月4日付）がこの問題を大きく取り上げていた。記事によると、向こう10年間でノルトライン・ヴェストファーレン州にある約100の橋を改修ないしは新設しなければならないという。ドイツ北部ではデンマークとつなぐ鉄道橋が4月に腐食のために通行止めとなった。バルト海と北海を結ぶキール運河は四つの閘門《こうもん》のうち一つしか稼働していないため、多くの貨物船が列を作っている状態という。

「未来への積極投資を」

全体の状況を知ろうと、ドイツ都市・自治体連盟会長を務めるノルトライン・ヴェストファーレン州ベルクカーメンのローラント・シェーファー市長（68）に会いに行った。滞在していたデュースブルクから電車とバスを乗り継ぎ、1時間強の距離だった。

この市長のことも、インターネットでドイツ公共放送ARDの番組を見て知った。カネがなくて困っている地方自治体というテーマの番組で、改装中の地元の学校の校舎前で、補助金が少ないことを嘆くシーンが映っていた。

ベルクカーメンはルール工業地帯にあり、市庁舎の周辺は、バスの発着所を中心に集合住宅などが立ち並ぶ、情緒に欠けた町並みだった。8階建てのビルにある市長室で、1時間ほど話を聞いた。

彼によると、地方自治体（ドイツは基本的に連邦＝国、州、地方自治体の3層構造）が責任を持つ市道、幼稚園、消防などの分野で足りないカネは、全自治体で1300億ユーロ（16兆9000億円）になる。未来に向けて自治体が機能するためには、本来その額を投資しなければならない。

「（総選挙の争点だった）減税の前に、もっと社会的基盤に投資すべきだ、と主張している。レヴァークーゼンに架かる橋が少し前に一時通行止めになったが、交通基盤に関してはやらねばならないことがたくさんある。光ファイバーの敷設もゆっくりすぎる」

ちなみに、ブロードバンド契約に光ファイバーの占める割合は2016年、日本と韓国が70%を超えるのに対して、ドイツはわずか数%である。

インタビューが終わり、改装中の学校で写真が撮りたいのだが、と依頼した。彼は自家用車で連れていこう、と快諾した。市庁舎から数分の距離のギムナジウムだった。「市立ギムナジウム」という味も素っ気もない名前だった。

校舎の窓で一部真新しい部分があった。

「今まであまりに老朽化して、落下する危険もあったので釘《くぎ》で留めていた。しかし、この改修は国からの援助は使えなかった。市の独自予算でようやく改修することができた」とシェーファーは説明した。

改修された校舎の前で説明するベルクカーメン市長のシェーファー

彼は、「国からの教育施設に対する補助は省エネのための改修に限定される。それは重要だが、通常の改修や、市庁舎や消防署の改修、スポーツ広場の建設にも補助金が欲しい。国の補助はあまりに使途が限定されすぎている」と話した。校舎の中にはまだ生徒がいて、興味深そうにこちらの様子をうかがっている。1人の男子生徒が出てきて、シェーファーと一緒にスマホの自撮りをした。

彼によると、ベルクカーメンは構造転換の最中にある町だ。かつては二つの炭坑があり、1万人が働いていた。今はたった50人だという。最大の勤め先は製薬大手「バイエル」で、避妊薬などを製造しており、1500人を雇用している。

シェーファーは、「豊かであるドイツが自分で自分を貧しくしている。光ファイバー、新交通システムなど未来に向けての投資を進めるべきだ」と繰り返した。

危機がEU中心を襲う

ギリシャに次いで危機的状況にあったのがイタリアだった。２０１０年からのユーロ危機の渦中で、イタリアも2回ほど国債が暴落し、国家財政破綻の瀬戸際まで行った。

イタリアもギリシャ同様、ＥＣＢによる債務国の国債無制限買い取り方針の表明などで危機を脱したが、失業率はピークの２０１４年11月の14％から２０１７年11月の11％（若年層の失業率は33％）と徐々に下がっているものの、ギリシャ、スペインと比較しても減少率は小さい。

イタリア経済はすでに20年以上にわたり競争力を低下させており、減少する投資、低経済成長率、巨額の政府債務、銀行が抱える不良債権などの問題が解消する見通しは立たない。イタリアの普通の人々は、ＥＵ、とりわけユーロによって生活が悪化した、という感覚を強めている。

これに加えて難民流入問題がある。２０１６年、バルカンルートを通じた難民流入は減少したが、代わりに地中海を渡ってくる難民の数は増加した。ドイツ、フランスは地中海ルートの難民対策をイタリアに押しつけている、という不満が高じた。

２０１８年3月の総選挙で、反ＥＵの「五つ星運動」が第1党、反移民・難民の「同盟」が第2党になったのは、国民の不満がいかに蓄積されていたかの証明だった。連立政権発足までに紆余曲折はあったものの、6月1日、ジュゼッペ・コンテを首班とする左右ポピュリズム政党による新政府が発足した。

ユーロ危機の最中、経済規模の小さなギリシャが破綻したところで、ヨーロッパ経済にとって大きな問題ではなく、問題はイタリアなど主要国に危機が波及すること、とよく言われた。経済規模がEUで4番目、しかも、1952年発足のEUの前身、ヨーロッパ石炭鉄鋼共同体の原加盟国であり、以来、ヨーロッパ統合推進を担ってきたイタリアに、反EUを掲げる政権が発足した。その意味は極めて大きい。

ドイツ、フランスはヨーロッパを救えるか

内なる脅威の克服、つまり、EUを安定的なシステムに変えていくためには、ドイツの振る舞いが決定的な意味を持つ。それを占うのが、フランスとの協調の行方である。ヨーロッパ統合はドイツ、フランスが協調したときに前進してきた歴史がある。

主導権を握ったのはフランスのマクロン大統領だった。

マクロンは、就任後4か月が過ぎた2017年9月26日、ソルボンヌ大学で、「主権を有し結束した、民主的な欧州のためのイニシアチブ」と題する講演を行い、ヨーロッパ政策を明ら

かにした。

かいつまんで要点を列挙すると、EU共通安全保障の強化として、共通介入（intervention）部隊、共通防衛予算を発足させる。難民対策として、ヨーロッパ難民オフィス、ヨーロッパ国境警察の創設や、アフリカとの新パートナーシップの展開を図る。ユーロ危機対策として、ユーロ圏を発展と安定の地域とするための共通投資や、危機の際の安定化を図るための予算を創設する。マルチスピードの統合を提唱、といった点である。

これに対するメルケルの返答が待たれていたのだが、第4次メルケル政権は発足までに、総選挙から半年近い時間が経ち、その間、ドイツがヨーロッパ統合で積極的なイニシアチブを発揮しない状況が続いた。

ようやく、2018年6月になってメルケルは、フランクフルター・アルゲマイネ紙日曜版（6月3日付）に載ったインタビューと、6月4日の「持続可能な発展のための評議会」での講演で、新たなヨーロッパ政策を打ち出した。

インタビュー記事の要点も列挙すると、ユーロ対策として、今の欧州安定メカニズム（ESM）を発展させ、ヨーロッパ版IMFであるヨーロッパ通貨基金（ドイツ語の略称でEWF）を創設。ユーロ圏の投資予算を作る。

難民対策としてはヨーロッパ国境沿岸警備機関（FRONTEX）をヨーロッパ国境警察に発展させる。最終的にはヨーロッパ難民庁を作る。アフリカを経済発展させるための対アフリカのマーシャルプランを実施する。安全保障分野では、EUの介入軍を創設する、となっている。

マクロン、メルケル両首脳の提案はかなり重なり合っていることがわかる。これらの提案をもとに、両氏は2018年6月20日、ベルリン近郊で会談した。そして、投資のためのユーロ圏共通予算の創設や、EU「圏境」での管理体制を強化することなどで合意した。

難民危機の深刻さに照らせば、圏境管理強化については、比較的ヨーロッパの合意を得やすいかもしれない。EU介入軍についても、NATOを重視する英国がEUを離脱することから、NATOの緊急対応部隊との役割分担などの課題は残るものの、前進するかもしれない。

一番の注目点である、ヨーロッパ規模での予算の共通化と、それを使っての南ヨーロッパ諸国に対する投資に関しては、一応、ユーロ圏共通予算の創設で合意し体裁は繕った形になっている。

フランスにしてみれば、有り体に言えば、ドイツにカネを出させ、債務危機に瀕している南ヨーロッパ諸国の救済を図るのが狙いだろう。しかし、前述のようにドイツ国内では、ヨーロッパ他国のために財政支出をすることに強い反発があり、世論は狭量な方向に流れている。

メルケルはこれまでも、ヨーロッパでの教育、研究への投資の必要は強調していたから、ユーロ圏共通予算も使途をかなり限定したものを想定しているのではないか。規模は数百億ユーロ（数兆円）で、例えば日本の地方交付税交付金約15兆円（2016年）と比較しても、力不足は明らかだ。メルケルが演説で言及した、戦後の西ヨーロッパ復興に貢献した米国によるマーシャルプランの効果はとても期待できない。ただ、この程度の規模が限界なのだろう。

ドイツ―フランスの間には実質的な考え方の違いがあり、それを埋めるにはまだ紆余曲折があると思われる。新たなイニシアチブで、ヨーロッパの分断と格差が近い将来解消される可能性は薄い。

終章　漂流するヨーロッパ

ヨーロッパ危機は世界情勢と密接に関わっている。分断を深めるヨーロッパは、中国やロシアにとって格好の介入の対象である。「西側世界」の消滅が言われる今、ヨーロッパ危機の行方がどうなるかで、世界の大きな見取り図も変わってしまうだろう。

「一帯一路」の終点

ドイツ西部の港湾都市デュースブルクで、ｄｉｔ社が経営するコンテナ基地を取材したのは、２０１７年9月19日。この基地に乗り入れる6本の鉄道線路が、中国が進める「一帯一路」や「新シルクロード」と呼ばれるユーラシアをまたぐ巨大な経済圏構想の、ヨーロッパ側の終点である。

デュースブルク駅前からタクシーに乗り、ライン川を渡って河川敷のような殺風景な光景の中を20分ほど走ると、巨大な倉庫が立ち並ぶ場所に着いた。

日本でメールでやりとりをしていたミヒャエル・ジュースムート販売部長（57）は、「テレビ、プレスの取材はしょっちゅうある。イタリア、米国、中国……。皆、中国から到着した列車を見たがる。ここは中国でよく知られている場所。私と同僚は、中国のテレビに出た」と笑った。ちょっとクセのあるドイツ人だった。

ジュースムートは続けた。

「この基地を発着する鉄道便は毎週80便。そのうち中国からは20〜25便。一番最初の便は2011年で、最初の頃は1週間に1便。その後、着実に伸びた。ここはハブのコンテナ基地で、ここからケルン、デュッセルドルフ、フランクフルトにつながっている。

鉄道輸送の長所は、比較的速く運べること。船便だと35日から45日かかるが、鉄道だと2週間。中国からは比較的高価な物資を運ぶ。ドイツから中国へは自動車が多い。おもちゃやジーンズといった物資は、運賃が安い船便で運ぶ。

中国内陸部の都市、例えば成都からは港に運ばねばならない。それに時間がかかるから鉄道の方がよいということもある」

ジュースムートが案内に立った。東京ドームが四つ入る20万㎡の広大な敷地を大型トラックがひっきりなしに行き交う。鉄道の引き込み線に沿って無数のコンテナが積み上がっていた。

線路を門形の大型クレーンがまたぎ、貨車からコンテナをつり上げて積み降ろす作業が続いている。コンテナには輸送会社の名称が中国語で大書されている。クレーンが動くたびにピーコーピーコーという音が辺りに響く。

「コンテナは全てコンピューター管理されている。ドライバーは小さなPCを持っており、コンテナの番号を提示すれば、トラックがどこに行けば欲しいコンテナを得ることができるのか

コンテナ基地を案内する販売部長のジュースムート

コンテナ基地に入り込んだ運河

わかる」

基地には、鉄道の引き込み線と平行して、運河が敷設されている。

「毎日、ロッテルダムとの間で貨物船が運航されている」とジュースムートは言った。

紺青の水がよどんだ細長い運河には、上部が開いてコンテナが積んであるのが見える貨物船が2隻、繋留されていた。

なぜ「新シルクロード」とも呼ばれる、1万km以上の鉄路のヨーロッパ側終点がデュースブルクなのか。

同市はライン川とルール川の合流点にあり、もともと、世界最大といわれる内陸港を持つ港湾都市で、交通の要衝なのである。

2012年のコンテナ貨物量の世界ランキングでは、51番目の港である。ヨーロッパの港では、ロッテルダム、ハンブルク、アントワープ、ブレーメン、バレンシアなどに次いで10番目だが、他の港は海洋に面している。ちなみに、このランキングでは近年は中国の港が上位を独占しており、日本は東京が28番目、横浜が43番目である。

デュースブルクの後背地であるノルトライン・ヴェストファーレン州、オランダ、ベルギー、ルクセンブルクにかかる地帯は、ヨーロッパの産業の中心、最大の人口密集地帯である。半径150km圏にデュッセルドルフ、ケルン、ブリュッセル、アムステルダムなどの都市を含み、

3000万人が住む。

このヨーロッパの心臓部と中国が鉄路によって直接結びつくことは、象徴的にも実質的にも大きな意味を持つ。2014年3月には習近平・中国国家主席がデュースブルクを訪問した。その後、一帯一路の鉄路は、ロンドン、ハンブルク、マドリードなどに延びている。

構造不況に沈む町

デュースブルクはルール工業地帯に位置し、かつてはドイツにおける鉄鋼業の中心都市の一つだった。しかし、構造不況にあえぎ、市内にあった大規模な工場は縮小し、失業率は全国平均の5・7%よりはるかに高い13%(2017年6月)である。

折しもシュピーゲル誌(2017年8月19日号)が、デュースブルクの貧困、難民流入、失業問題を取り上げていた。

その記事によると、同市のマルクスロー地区には、鉄鋼大手ティッセンクルップの大規模な製鉄所があり、かつては工場に勤務する労働者が堅実な生活を送っていた。

1970年代半ばからの鉄鋼産業の不況によって、多くの空き家が生まれ、そこにまずトルコ人が住んだが、近年ロマ人が多くなった。住民約2万人のうち、3分の2が、トルコ人と南東ヨーロッパからの移民(主にロマ人)だ。

ロマ人の数は4400人で、彼らはほとんどが文字を読めず、90％以上が職業的な訓練を受けていない。彼らが住み着くようになってから、窃盗、空き巣、不正給付、子供の犯罪が増加している。

ゼーレン・リンク市長は、法と秩序の回復を掲げて、たばこの投げ捨て、通行人に向け大声で怒鳴る、などの行為を警察が発見した場合、身分証明書の提示を求める、といった取り締まりを強化している。それは、割れた窓など荒廃の兆候を放っておけば犯罪が増える、問題を小さな芽のうちに摘めば大きな犯罪を防止することができる、という考え方に基づく。米国のニューヨークが治安回復を実現した、いわゆる「割れ窓理論」である。

ただ、リンク市長は見捨てられている、と感じている。国やEUはデュースブルクで起きていることを見て、EU（シェンゲン圏）における人の移動の自由を修正することはないだろうし、半年間就業できない人は本国に帰還させねばならないとするEUの規定を実行しようとはしないからだ。

2017年9月の総選挙では、「ドイツのための選択肢（AfD）」が、デュースブルク北部選挙区で16％超、特にオーバーマルクスロー地区では30％の得票率だった。ここは、旧西ドイツ地域で最も高い得票率を挙げる「AfDの牙城」となった。

こんな町の状況だからこそ、中国との関係はなおさら重要性を増す。

デュースブルクの対中関係顧問プフルーク

デュースブルクは２０１６年４月、社会民主党（ＳＰＤ）の元下院議員でドイツ―中国友好議員連盟会長だったヨハネス・プフルーク（71）を、市長直属の対中関係顧問に任命した。プフルークが強調したのは、市の再興に当たっての中国の重要性だった。
「デュースブルクは相変わらずヨーロッパ最大の鉄鋼産業の町だが、今、産業の構造転換の最中で大きく変化しており、対中関係は死活的に重要だ。構造転換の成否は、中国との関係にかかっている」
私が、中国の海洋進出などを指摘し、安全保障上の懸念について話すと、プフルークは、
「市としては、世界政治の問題を解決することはできない。鉄鋼業中心の町から他の産業分野を構築し、経済的なチャンスをものにしようと考えているだけだ。それが中国との関係だ。中国も巧みに、我が市を拠点にヨーロッパの様々な都市と結びつき、輸出をさらに促進しようとしている」と割り切った考え方を語った。

孔子学院教授の中国観

デュースブルク・エッセン大学構内にある「孔子学院」も訪ねた。

孔子学院は中国語や中国文化の教育及び宣伝を目的に設立した公的機関で、日本の国際交流基金、英国のブリティッシュ・カウンシルなどと一応、同種類の機関と言えるのだろう。ただ、中国政府の露骨な政治的プロパガンダの機関となっている、という批判は絶えない。スパイ活動も行われているとして、米国やカナダの多くの大学は、自校に設置された孔子学院を閉鎖している。

デュースブルク・エッセン大学の孔子学院は、かまぼこ形の体育館のような校舎の中にあった。中に入り、吹き抜けの部分を突っ切るとその奥にドイツ語で「Konfuzius-Institut Metropole Ruhr an der Universität Duisburg-Essen」、中国語で「杜伊斯堡—埃森大学　魯尔都市孔子学院」と併記された看板が掛かっていた。

事務局長のミリアム・ベルスティング（30）と、広報担当のザラ・ライマン（37）の2人の女性が、学院を案内してくれた。いくつか教室もあるのだろうが、私が案内されたのは資料室や、孔子の肖像が飾られた会議室と思われる部屋だった。

両人から渡された資料を読むと、同大学の孔子学院は２００９年11月、同大学と武漢大学が共同出資して開校した。デュースブルクと武漢の姉妹都市関係は古く、１９８２年に結ばれて

デュースブルク・エッセン大学にある孔子学院。広報担当のライマン（左）と、事務局長のベルスティング

おり、ドイツにとって中国との最も古い姉妹都市関係だという。

同学院の2人の教授には直接会えなかったが、秘書あてに質問のメールを送れば答える、ということだったので、中国の現状に関する質問を送った。

政治専門のトーマス・ヘーベラー教授からは、「中国はグローバルな大国になり、国際社会でますます積極的に振る舞っている。ドイツは中国から信頼できるパートナーと見なされているので、中国の振る舞いに影響力を行使することができることを期待している。

中国は国際舞台に登場したばかりだから、振る舞いはまだ自己利益に特徴づけられている。中国が秩序形成的な国家として認められようとするのであれば、中国は国際社会の取り決めに適応しなければならない。ただ、多くの問題に関して学ぶ準備があるし、適応能力があることを見せている」という回答が返ってきた。

関与を通じて中国に変化をもたらすことができる、との見方は日本ではもはや楽観的に過ぎると見なされるだろう。

もう一人の経済専門のマルクス・タウベ教授は、「米国の影響力が下がっている中で、中国の影響力増大は、世界にとって危険ではないか」という私の質問に対して、「トルコ、ポーランド、ハンガリー、ロシアなどの権威主義的政治の台頭や、トランプ米大統領のような人物の支配に鑑みれば、新権威主義的な習近平に率いられているとはいえ、中国は世界にとって大きな危険と見ることはできない。逆に非常にプロフェッショナルで、最後には計測可能な中国政治は、恐らく世界の安定の錨《いかり》すら提供している」と、中国に対し非常に好意的な回答をした。

政治の道具としてのガスパイプライン

中国との間の結びつきを象徴するのが鉄道だとすると、ロシアとの関係を示すのは、天然ガスパイプラインである。

メルケルは2018年3月、バルト海の海底天然ガスパイプライン「ノルト・ストリーム2」の建設許可を出した。ロシアはこのパイプラインを政治的に使い、米―ヨーロッパ関係や東西ヨーロッパ関係の分断を図るかもしれない。

2018年7月11日、ブリュッセルで開かれたNATO首脳会議で、トランプ大統領はこのパイプライン建設を、「ロシアに何十億ドルも支払う一方で、ロシアに対してヨーロッパを防衛しなければならないのは、筋が通っていない」などと述べて批判した。

「ノルト・ストリーム2」とは、バルト海の海底に敷設され、ロシアからドイツに直接、天然ガスを供給するガスパイプラインである。ロシアの国営エネルギー大手ガスプロムと、西ヨーロッパのエネルギー関連5社が出資した「ノルト・ストリーム」が事業主体となり、1200㎞の距離をつなぐこのパイプラインは、2018年5月に建設が開始され、2020年までの完成を目指す。

同じバルト海の海底には、「ノルト・ストリーム」が2005年から建設され、2011年から稼働している。2017年、ヨーロッパ全体で4250億㎥の天然ガスが消費されたが、ロシアはそのうち1500億㎥を供給した。年間550億㎥の供給能力を持つ今回のパイプラインが稼働すれば、単純計算でヨーロッパは天然ガスの約半分をロシアに依存することになる。

1本目のパイプラインは、当時のドイツの首相シュレーダーと、ロシアのプーチン大統領が建設に合意した。

私は2009年10月、ポーランド国境に近いメクレンブルク・フォアポンメルン州アンクラ

ドイツ北部アンクラムで進む「ノルト・ストリーム」の建設工事（2009年10月）

ム近郊の「ノルト・ストリーム」の建設現場を取材した。

計画当初から、ポーランドなどの東ヨーロッパ諸国、バルト3国、ウクライナが建設に強く反対した。自国領をパイプラインが通過していることでこれまで発生していた通過料収入が減少することに加え、西ヨーロッパが東ヨーロッパに直接供給するルートがあれば、ロシアが東ヨーロッパ諸国への供給停止を行うことが容易になる。そのことは、天然ガス供給を政治的圧力の道具として使われやすくなることを意味する。

ヨーロッパが団結してロシアに対決すれば問題はないが、ドイツを始め西ヨーロッパ諸国が、東ヨーロッパの犠牲の上に、自国のエネルギー確保や対ロシア関係を優先させるかもしれない、という安全保障上の疑心暗鬼はぬぐえないのだろう。

ポーランド、バルト3国、ウクライナなどは1本目のときと同様、あるいはそれ以上の危機感を持って「ノルト・ストリーム2」建設に反対しており、NATO首脳会議でもリトアニア大統領のダリア・グリバウスカイテがトランプの立場に支持を表明した。

ドイツにしてみれば、現在脱原発と再生可能エネルギー導入を並行して進める「エネルギー転換」を進めており、天然ガスの重要性が高まっている。さらに最近、温暖化ガス排出の削減を図るため、石炭発電所の抑制も求められている。再生可能エネルギー供給は不安定であり、バックアップの発電所が不可欠だが、石炭発電所に頼れないとなると、天然ガス発電所への依存を強めざるを得ない。

北海で産出される天然ガスは次第に枯渇している。ロシアが対ヨーロッパの供給量を倍増することによって、ヨーロッパがエネルギー安全保障上の脆弱性《ぜいじゃくせい》を高めることは否定できない。

シュピーゲル誌（2018年5月5日号）の記事が、ドイツ国内でロシアとどうつきあうかを巡って、政党を問わず、いわば親ロシア派と反ロシア派の議論が起きている様子を紹介している。

メルケル第4次政権で外相に就いたばかりのハイコ・マース（SPD）が、それまでのSPDの主流の考え方に背いて、段階的な対ロシア制裁解除に反対し、「ロシア政治に愛想が尽きている」と同誌インタビューで回答したことが議論のきっかけだった。

一方、この記事は、「プーチンはソ連を復活させようとしているのではない。西側がロシアの利益を尊重するように求めている。つまり、西側がロシアを再び大国、世界政治のプレーヤーとして認めることを期待しているのである……ロシアが、バルト3国は例外として、かつてのソ連の国々を、防疫線（cordon sanitaire）、利益圏として見ることを西側が受け入れることを期待している。ドイツはそのことは公式には認められない。しかし、この利益を事実上（de facto）、より強く考慮に入れることができれば、より賢明かもしれない」と、第I部第2章で取り上げたリトアニアの安全保障感覚とは正反対の、ドイツにある親ロシアの立場をかなり露骨に表現している。

ヨーロッパ内の制裁解除の動きに対し、当然、ポーランド、バルト3国は強く反発する。今後ガスパイプライン問題も絡み、対ロシアを巡る政策調整は拡散していくだろう。

「西側世界」の消滅

ヨーロッパ危機の解決を、ヨーロッパの中心国であるドイツに期待する見方もある。しかし、それも難しいだろう。そもそも、ヨーロッパ危機の震源地の一つはドイツだった。

ユーロ発足にドイツの果たした役割は大きかった。そこには、ナチズムの歴史的経験から、ユーロをヨーロッパの恒久平和実現のステップとしようとの理想が強く働いていた。しかしそれによって、政治的統合を欠いたままの通貨統合というユーロの構造的欠陥が生まれた。

ユーロ安定化の原則であるユーロ加盟各国の財政均衡義務も、財政均衡がどんな国にも適用されるべき普遍的な経済政策だと確信するドイツの意向が反映したものである。そこにもナチ・ドイツを生んだヴァイマール時代の超インフレの経験が影を落としている。

難民政策ではメルケル首相の主導で、上限なしの受け入れという理想主義的政策をとり、ドイツのみならずヨーロッパ全体に大きな混乱を引き起こした。

英国のEU脱退を問う国民投票で、脱退が多数派となったことも、この難民危機が大きく影響した、というのが大方の見方である。また、米国のトランプ政権の誕生にもドイツの難民政策は作用したかもしれない。

ユーロ危機は南北ヨーロッパの間の経済格差を拡大してきた。難民危機は上限なしの受け入れを掲げたドイツと、受け入れを拒否するポーランド、ハンガリーなどの東ヨーロッパの国々との溝を深めた。ヨーロッパは分解しないまでも、課題が重要なものであればあるほど、一致した行動がとれない傾向が強まっている。EUは機構としては存続するが、機能を十分に発揮できない状況が続くだろう。

トランプ大統領が、どれだけ長期的な展望や理念を持って国際秩序の再編に乗り出しているのかはわからない。ただ、難民受け入れなど理想主義的政策や、対話による多国間協調などに敵意を持っていることは確かなようだ。それはヨーロッパ、特にドイツが掲げてきた基本原則と真っ向から対立する。

トランプの経済的な利害損得を巡る2国間の取引（ディール）を国際関係の唯一の原則とするかのような振る舞いは、自由や民主主義の価値や理念を紐帯としてきた「西側世界」を解体へと向かわせている。「西側世界」とは、先進7か国（G7）首脳会議（サミット）参加国に西ヨーロッパ諸国、オーストラリア、ニュージーランドを加えた世界と考えればいいだろう。

2018年6月のカナダ・シャルルボワでのサミットではトランプが孤立し、G6＋1の構図が生まれた、と報じられた。

シュピーゲル誌（2018年5月12日号）の論説は、「非常に衝撃的なことが我々に直接襲いかかっている。すなわち、我々が知っている西側世界はもはや存在しない、ということだ」と書いている。

中国はヨーロッパ、とりわけドイツを標的に働きかけ、2018年7月9日、ベルリンで行われたメルケルと李克強首相との会談では、「自由貿易体制の維持」での連携をうたった。国家による露骨な経済への介入をいとわない中国だが、破壊的なトランプの政策の前ではあたかも「自由貿易体制の擁護者」であるかのごとく振る舞うことを可能とし、すかさず米―ヨーロッパの分断に乗り出している。

中国と東ヨーロッパ諸国間の首脳会議「16プラス1」も2012年から毎年開かれており、東西ヨーロッパの分断を意図しているのではないか、と警戒されている。

2018年7月17日には、東京で安倍首相とEUのトゥスク大統領、ユンケル欧州委員長が日本―EUの経済連携協定（EPA）に署名した。日本とヨーロッパ諸国は、これまで西側世界が築いてきた自由貿易秩序の維持発展の道を、ともあれ歩もうとしている。メルケルはそうした中、自由貿易体制など「リベラルな国際秩序」を守る最後の砦《とりで》とすら見なされている。

しかし、ドイツが日本を始め「西側世界マイナス米国」との関係を強化することにより、事態を乗り切ろうとするかどうかは、まだ自明とは言えないのではないか。ドイツが同じ大陸国家のロシア、中国との関係を深めたとしても、歴史的に見て決して不自然な構図ではない。

一方的な制裁関税の発動など、多国間協調を露骨に軽視するトランプの振る舞いに焦点が当たりがちだが、「西側世界」の解体とはトランプからの一方的な絶縁状ではなく、トランプとメルケルの負の相互作用の結果とも見ることができるだろう。

「西側世界」の消滅の本質とは、アングロサクソン世界（米国と英国）とドイツ主導のEUとが袂《たもと》を分かつ姿とも言える。ドイツの理念（理想）先行の政治は、メルケル以降も続くだろう。経験主義的なアングロサクソン世界との隔たりは、今後も埋まることはないかもしれない。

危機の連鎖を経過したヨーロッパは、それぞれの国が自国の経済的利益、地政的状況、歴史的経緯に照らして、最も有利な道を選んでいく傾向が強まる。それはもはやヨーロッパ統合という理想やイデオロギーに頼ることなく、各国各様の生き方を決める「本音化」する姿である。そして、分裂含みのヨーロッパが世界のどの勢力と合従連衡を重ねていくのか。ヨーロッパ危機の行方は、世界の動向を占う上でも目が離せない。

劇的な事件を報告したわけではなく、登場する人物はそれぞれの部署において責任ある地位にある人が多いが、基本的に市井の人々である。軋みながら大きく変転しつつあるかに見える世界を、直接目にしたり、話を聞いたりして得た事実から語ることができないか。そんなことを意識しながら書いたのが本書である。

読者には自明だろうが、私はヨーロッパの現状を憂えており、その将来に悲観的である。難民受け入れには人道的な、移民受け入れには経済の活力を維持する意味はあるが、大量受け入れは避けるべきであるし、よほど周到に制度設計をしないと、受け入れ国に不可逆的な混乱と分断、果ては衰退をもたらすだろう。日本は知恵を絞って、ヨーロッパの轍を踏まないようにしたいものである。

記載された年齢は取材時のもの、掲載した写真は全て著者撮影、意見に関わる部分は私見である。出版に際しては幻冬舎編集者の相馬裕子さんにお世話になった。記して感謝に代えたい。

２０１８年８月末日

三好範英

著者略歴

三好範英《みよしのりひで》

一九五九年東京都生まれ。東京大学教養学部相関社会科学分科卒。八二年、読売新聞入社。九〇～九三年、バンコク、プノンペン特派員。九七～二〇〇一年、〇六～〇八年、〇九～一三年、ベルリン特派員。現在、編集委員。著書に『特派員報告カンボジアPKO　地域紛争解決と国連』『戦後の「タブー」を清算するドイツ』(ともに亜紀書房)、『蘇る「国家」と「歴史」　ポスト冷戦20年の欧州』(芙蓉書房出版)、『メルケルと右傾化するドイツ』(光文社新書)。『ドイツリスク　「夢見る政治」が引き起こす混乱』(光文社新書)で第25回山本七平賞特別賞を受賞。

幻冬舎新書 518

本音化するヨーロッパ
裏切られた統合の理想

二〇一八年九月三十日 第一刷発行

著者 三好範英
発行人 見城徹
編集人 志儀保博

発行所 株式会社 幻冬舎
〒一五一―〇〇五一 東京都渋谷区千駄ヶ谷四―九―七
電話 〇三―五四一一―六二一一(編集)
〇三―五四一一―六二二二(営業)
振替 〇〇一二〇―八―七六七六四三
ブックデザイン 鈴木成一デザイン室
印刷・製本所 株式会社 光邦

検印廃止

Printed in Japan ISBN978-4-344-98519-3 C0295
み-6-1

幻冬舎ホームページアドレス http://www.gentosha.co.jp/
*この本に関するご意見・ご感想をメールでお寄せいただく場合は、comment@gentosha.co.jp まで。